btb

Buch

Im Jahr 1984 veröffentlichte Eudora Welty drei Texte, die zum Schönsten und Zartesten gehören, was diese ungewöhnliche Frau je geschrieben hat. Es sind autobiographische Skizzen ihrer behüteten Kindheit, Impressionen der Landschaft, die sie prägen sollte, und hinreißende Geschichten aus dem Legendenschatz der Weltys. Wie findet ein Schriftsteller seine Stimme? Welche Einflüsse prägen ihn? Welche Rolle spielen die frühen Eindrücke? Ein Künstler muß die Welt auf die gleiche Weise wiederentdecken, wie ein Kind sie entdeckt: mit allen Sinnen.

»Eudora Welty findet in der Tradition von William Faulkner und Tennessee Williams eine ganz eigene Stimme. Mit anderen Autorinnen wie Carson McCullers, Flannery O'Connor und Katherine Anne Porter bildet sie eine Art weibliche Tradition amerikanischer Südstaatenerzählerinnen.«
Süddeutsche Zeitung.

Autorin

Eudora Welty wurde 1909 in Jackson, Mississippi geboren. Dort, im amerikanischen Süden, sind auch ihre zahlreichen Kurzgeschichten und Romane zu Hause. Sie gilt als eine der ganz großen Autorinnen der amerikanischen Südstaatenliteratur.

Eudora Welty bei btb

Die Tochter des Optimisten. Roman (72497)
Der Räuberbräutigam. Roman (72564)

Eudora Welty

Eine Stimme finden

Aus dem Amerikanischen
von Rüdiger Imhof

btb

Die Originalausgabe erschien 1984
unter dem Titel »One Writer's Beginnings«
bei Harvard University Press

btb Taschenbücher erscheinen im Goldmann Verlag,
einem Unternehmen der Verlagsgruppe Bertelsmann GmbH.

1. Auflage
Genehmigte Taschenbuchausgabe Januar 2001
Copyright © 1983, 1984 by Eudora Welty
Copyright © der deutschsprachigen Ausgabe 1990
by J. B. Cotta'sche Buchhandlung Nachfolger GmbH
gegr. 1659, Stuttgart
Umschlaggestaltung: Design Team München
Umschlagfoto: Imagine/Viesti
Satz: Uhl + Massopust, Aalen
TH · Herstellung: Augustin Wiesbeck
Made in Germany
ISBN 3-442-72563-1
www.btb-verlag.de

In Erinnerung an meine Eltern
Christian Webb Welty
1879–1931
Chestina Andrews Welty
1883–1966

Eudora, 1929, University of Wisconsin

VORWORT DER AUTORIN

Den Ursprung dieses Buches bilden die drei Vorlesungen, die ich im April 1983 an der Harvard-Universität hielt, um die William-E.-Massey-Vorlesungsreihe zu inaugurieren. Mein aufrichtiger Dank gilt der Harvard-Universität und dem Graduiertenprogramm zur Geschichte der amerikanischen Kultur, auf deren Einladung hin ich die Vorlesungen schrieb und hielt. Mr. David Herbert Donald, der dem Programm angehört, ließ mir seine sichere Hilfe und sein Verständnis zuteil werden. Ich danke Mrs. Aida D. Donald, der leitenden Lektorin bei Harvard University Press, für ihre Güte und geduldige Sorgfalt während der Aufbereitung der Vorlesungen zur vorliegenden Form. Mr. Daniel Aaron, dessen Vorschläge hinsichtlich der Richtung und des Gangs der Vorlesungen mich ermutigten, diese zu schreiben, möchte ich besonderen Dank aussprechen.

Jackson, Mississippi, 1983

INHALT

Als ich noch klein genug war, um viel Zeit darauf zu verwenden, morgens meine Schuhe zuzuknöpfen, horchte ich immer zur Diele hin: Papa rasierte sich oben im Bad, und Mutter briet unten den Speck. Gewöhnlich begannen sie, sich gegenseitig etwas die Treppe hinauf und hinab zuzupfeifen. Mein Vater pfiff eine Tonfolge, und meine Mutter versuchte zu pfeifen, dann summte sie ihre zurück. Es war ihr Duett. Ich zog meine Stiefelknöpfer durch die Löcher und hörte zu – ich wußte, es war »Die lustige Witwe«. Der Unterschied war, daß ihr Lied von Lachen getragen wurde: Wie anders als auf der Schallplatte, die von Anfang an jaulte, als würde das Victrola-Grammophon gerade langsam aufgezogen. Sie sangen das Stück weiter, die Treppe hinauf und hinab, wo ich nun eben fertig war, hinabzupoltern und ihnen meine Schuhe zu zeigen.

I Zuhören

In unserem Haus in der North Congress Street in Jackson, Mississippi, wo ich 1909 als ältestes von drei Kindern geboren wurde, wuchsen wir unter dem Schlagen von Uhren auf. In der Diele stand eine im Missionsstil gehaltene Standuhr aus Eiche, die ihre gongähnlichen Schläge durch Wohnzimmer, Eßzimmer, Küche und Speisekammer und den Resonanzboden des Treppenschachtes hinaufschickte. Nachts fand sie den Weg in unsere Ohren; manchmal weckte die Mitternacht uns sogar auf der Schlafveranda auf. Im Schlafzimmer meiner Eltern war eine kleinere Uhr, die schlug und ihr antwortete. Die Küchenuhr zeigte zwar nur die Zeit an, doch die Uhr im Eßzimmer war eine Kuckucksuhr mit Gewichten an langen Ketten; an einer davon gelang es meinem kleinen Bruder einmal, nachdem er über einen Stuhl oben auf den Geschirrschrank geklettert war, einen Moment lang die Katze aufzuhängen. Ich weiß nicht, ob es irgend etwas damit zu tun hatte, daß die Ohio-Familie meines Vaters um 1700, ehe die ersten drei Welty-Brüder nach Amerika kamen, aus der Schweiz stammte; doch wir alle haben immer zeitbewußt gelebt. Es war zumindest für eine zukünftige Erzählerin sehr gut, so gründlich und fast als erstes überhaupt Chronologie zu lernen. Es war eines von sehr vielen Dingen, die ich fast beiläufig lernte; es war da, als ich es brauchte.

Mein Vater liebte alle Instrumente und Gerätschaften, die

instruierten und faszinierten. Sein Ort, die Dinge aufzube-
wahren, war die Schublade im »Bibliothekstisch«, wo auf den
zusammengefalteten Karten ein Teleskop mit Verlängerung
aus Messing lag, um den Mond und den Großen Wagen nach
dem Abendessen vom Vorgarten aus zu finden und Eklipsen
nicht zu verpassen. Es gab eine zusammenlegbare Kodak, die
zu Weihnachten, bei Geburtstagen und Ausflügen hervorgeholt wurde. Hinten in der Schublade konnte man ein Ver-
größerungsglas, ein Kaleidoskop und ein in einer schwarzen
Buckramschachtel aufbewahrtes Gyroskop finden, das mein
Vater für uns an einem strammgezogenen Faden zum Tanzen
brachte. Er hatte sich auch mit einem Sortiment an Puzzle-
spielen versorgt, die aus Metallringen und ineinander ver-
schränkten Gliedern und miteinander verketteten Schlüsseln
zusammengesetzt waren; für uns andere waren sie unmöglich
auseinanderzunehmen, obzwar wir es geduldig gezeigt bekamen; er hatte eine nahezu kindliche Freude am Raffinierten.

Mit der Zeit wurde unserer Eßzimmerwand ein Barometer
hinzugefügt; doch wir benötigten es nicht wirklich. Mein
Vater besaß das akkurate Wissen eines Landburschen von
Wetter und Himmel. Morgens ging er als erstes hinaus, stellte
sich auf die Treppenstufen und schaute empor und schnup-
perte. Er war ein ziemlich guter Wetterprophet.

»Nun, ich bin es *nicht*«, pflegte meine Mutter mit enormer
Selbstzufriedenheit zu sagen.

Er erzählte uns Kindern, was wir tun sollten, wenn wir uns
in einem fremden Land verirrt hätten. »Sucht nach der Stelle,
wo der Himmel am Horizont am hellsten ist«, sagte er. »Das
reflektiert den nächsten Fluß. Haltet auf den Fluß zu, und ihr
werdet Wohnstätten finden.« Eventualitäten beschäftigten
ihn sehr. In seiner Fürsorge für uns Kinder ermahnte er uns,
Maßnahmen zu ergreifen gegenüber solchen Dingen, wie vom
Blitz getroffen zu werden. Er zog uns während der schweren
Gewitter, die häufig dort sind, wo wir leben, von den Fenstern

zurück. Meine Mutter stand abseits und machte abschätzige Bemerkungen über die Vorsicht als Charakterfehler. »Ich habe immer den Sturm geliebt! Heftige Winde haben mir in Westvirginia nie etwas ausgemacht! Hör dir das nur an! Ich hatte kein bißchen vor Blitz und Donner Angst! Ich bin in einem guten großen Sturm auf den Berg gestiegen und habe meine Arme weit ausgebreitet und bin gerannt!«

So entwickelte ich ein starkes meteorologisches Feingefühl. Jahre später, als ich Erzählungen schrieb, beanspruchte Atmosphärisches von Anfang an seine einflußreiche Rolle. Bewegungen im Wetter und die inneren Gefühle, die durch solch lauernde Unruhe verursacht wurden, stellten sich in dramatischer Form als zusammenhängend heraus. (Ich versuchte mich zuerst an einem Tornado in einer Geschichte, die »Die Winde« heißt.)

Von unserer frühesten Weihnachtszeit an brachte uns der Weihnachtsmann Spielsachen, die Buben und Mädchen (getrennt) lehren, Dinge zu bauen – Steinblöcke, die nach dem Bauklotzprinzip geschnitten waren, Blechspielzeug und Bausätze. Papa selbst baute für uns komplizierte Drachen, die meilenweit aus der Stadt auf eine Weidefläche (und mein Vater hatte keine Angst vor zuschauenden Pferden und Kühen) gebracht werden mußten, die lang genug war, daß er mit ihnen laufen und sie an einer langen Schnur, deren Spindel meine Mutter hielt, aufsteigen lassen konnte; und dann bekamen wir Kinder den Drachen zu halten, der wie etwas Lebendiges an unseren Händen ruckte. Es waren wunderschöne, solide, wohlproportionierte Kastendrachen, die ihr ganzes kurzes Leben lang zart nach Bürokleber rochen. Und natürlich, als die Buben so etwa das richtige Alter erreichten, gab es eine elektrische Eisenbahn – die Lokomotive mit ihren erbsengroßen funktionierenden Scheinwerfern, die Reihe Waggons, die Schienen und Weichen, die Signalmaste, der Bahnhof, die Brücken und der Tunnel –, die alle andere Betriebsamkeit im oberen Flur blockierte. Sogar im unteren Geschoß und trotz des Geschreis der aufgeregten Kinder war das elegante Brausen und Klicken des Zugs durch die Decke hindurch zu vernehmen, während dieser immer wieder in einer Acht herumfuhr.

All dies, doch besonders die Eisenbahn repräsentiert das innigste Vertrauen meines Vaters – auf Fortschritt, auf das Zukünftige. Mit diesen Geschenken bereitete er seine Kinder vor.

Und das tat auch meine Mutter mit ihren andersgearteten Geschenken.

Ich lernte schon im Alter von zwei oder drei Jahren, daß jedes Zimmer in unserem Haus zu jeder Tageszeit dazu diente, darin zu lesen oder vorgelesen zu bekommen. Meine Mutter las mir vor. Sie las mir morgens im großen Schlafzimmer vor, wenn wir zusammen in ihrem Schaukelstuhl saßen, der rhythmisch tickte, während wir schaukelten, so als hätten wir eine Grille, die die Geschichte begleitete. Sie las mir an Winternachmittagen im Eßzimmer vor einem Kohlefeuer vor, wobei unsere Kuckucksuhr die Geschichte mit »Kuckuck« beendete, und nachts, wenn ich in mein eigenes Bett ging. Ich muß ihr keine Ruhe gegeben haben. Manchmal las sie mir in der Küche vor, während sie kirnte, und das Kirnen begleitete schluchzend jede Geschichte. Mein Bestreben war es, daß sie mir vorlas, während *ich* kirnte; einmal gewährte sie mir die Bitte, doch sie las meine Geschichte herunter, ehe ich ihr Butter brachte. Sie war eine ausdrucksvolle Vorleserin. Wenn sie zum Beispiel den »Gestiefelten Kater« vorlas, war es unmöglich, nicht zu wissen, daß sie *allen* Katzen mißtraute.

Es war für mich beunruhigend und enttäuschend herauszufinden, daß Geschichtenbücher von *Menschen* geschrieben worden waren, daß Bücher keine Naturwunder waren, die aus sich selbst heraus entstehen wie das Gras. Doch ungeachtet dessen, woher sie kamen, kann ich mich an keine Zeit erinnern, in der ich nicht in sie verliebt war – in die Bücher selbst, den Deckel und Einband und das Papier, auf das sie gedruckt waren, mit ihrem Geruch und ihrem Gewicht und dem Gefühl, sie in meinen Armen zu halten, erbeutet und zu mir entführt. Obwohl des Schreibens und Lesens unkundig, war ich für sie bereit und darauf bedacht, ihnen alles Lesen angedeihen zu lassen, das ich ihnen zu geben imstande war.

Meine Eltern kamen nicht aus Familien, die es sich erlauben konnten, viele Bücher zu kaufen; doch obwohl es eine Belastung seines Gehaltes als jüngster Beamter in einer jungen Versicherungsgesellschaft bedeutet haben muß, war mein Vater die ganze Zeit über damit befaßt, das auszusuchen und zu bestellen, von dem er und Mutter glaubten, wir Kinder sollten damit aufwachsen. Sie kauften zunächst für die Zukunft.

Neben dem Bücherschrank im Wohnzimmer, der stets die »Bibliothek« genannt wurde, gab es die Lexikontische und den Wörterbuchschrank unterhalb der Fenster im Eßzimmer. Um uns beim Argumentieren am Eßtisch zu helfen, erwachsen zu werden, waren da der ungekürzte Webster, die Columbia Enzyklopädie, Comptons Illustrierte Enzyklopädie, die Lincoln Library of Information und später das Buch des Wissens. Und im Jahr, in dem wir unser neues Haus bezogen, gab es Anlaß, dies mit der neuen Ausgabe der Britannica von 1925 zu feiern, die mein Vater, den Blick immer bewußt auf die Zukunft gerichtet, natürlich geneigt war, für besser als die vorherige zu halten.

In der »Bibliothek«, im missionsstilartigen Bücherschrank mit den drei diamantförmig vergitterten Glastüren sowie meines Vaters Morris-Sessel und der Lampe mit gläsernem Schirm auf dem Tisch daneben, waren Bücher, mit denen ich bald beginnen konnte – und es auch tat, indem ich sie alle auf dieselbe Weise las und in der Abfolge, wie ich sie vorfand – die ganzen Reihen entlang, von oben bis unten. Stoddards gesammelte Vorlesungen waren darunter, mit ihrem spätviktorianischen Vokabular, den Skizzen aus dem bäuerlichen Leben und seine kuriosen Sitten und Bräuche sowie passenden Halbtonillustrationen: der ausbrechende Vesuv, Venedig bei Mondschein, Zigeuner am Lagerfeuer. Damals wußte ich nicht, welchen Hinweis sie gaben auf die Sehnsucht meines Vaters, den Rest der Welt zu sehen. Ich las mich geradewegs durch seine andere »Liebe-aus-der-Ferne«: das Victrola-Buch der Oper, eine Oper nach der anderen in Zusammenfassung, mit Porträts im Kostüm von Melba, Caruso, der Galli-Curci und Geraldine Farrar; den Stimmen einiger dieser konnten wir auf unseren Red-Seal-Schallplatten lauschen.

Meine Mutter las nur in zweiter Linie der Information wegen; sie versenkte sich in Romane wie eine Hedonistin. Dickens las sie in der Stimmung, in der sie mit ihm durchgebrannt wäre. Die Romane ihrer Mädchenzeit, die noch in ihrer Phantasie lebten, waren neben denen von Dickens und Scott und Robert Louis Stevenson *Jane Eyre, Trilby, Die Frau in Weiß, Das Vogelmädchen, König Salomons Schatzkammer.* Der Name von Marie Corelli fiel bisweilen, doch ich wußte, sie hatte die Gunst meiner Mutter verloren, die nur aus Loyalität heraus *Ardath* behalten hatte. Mit der Zeit vertiefte sie sich in Galsworthy, Edith Wharton und vor allem in den Thomas Mann der *Joseph-Bände.*

St. Elmo war nicht in unserem Haus; ich sah das Buch häufig in anderen Häusern. Aus diesem maßlos populären Südstaatenroman begannen all die Edna Earles in unserer Bevölkerung herzukommen. Sie sind alle nach der Heldin benannt, die erfolgreich einen zügellosen, sündigen Lebemann und atheistischen Liebhaber (St. Elmo) auf die Knie zwang. Meine Mutter konnte darauf verzichten. Doch sie erinnerte sich des klassischen Ratschlags, der allen Rosenzüchtern darüber erteilt wurde, wie sie ihre Rosenbüsche lang genug wässerten: »Nimm einen Stuhl und *St. Elmo.*«

Vater und Mutter gleichermaßen verdanke ich meine frühe Bekanntschaft mit einem geliebten Mark Twain. In unserem

Bücherschrank gab es eine Mark Twain Gesamtausgabe und eine Auswahl Ring Lardner, und es waren diese Bände, die uns mit der Zeit alle vereinten – Eltern und Kinder.

Indem ich alles, was vor mir stand, las, stieß ich auf ein altes Buch ohne Rücken, das meinem Vater als Kind gehört hatte. Es war *Sanford and Merton* betitelt. Ich frage mich, ob es noch jemanden gibt, der es wiedererkennt. Es ist die berühmte moralische Erzählung, die Thomas Day in den achtziger Jahren des 18. Jahrhunderts schrieb; doch er wird nicht auf der Titelseite *dieses* Buches erwähnt; hier heißt es *Sanford and Merton in Words of One Syllable* von Mary Codolphin. Darin sind der reiche Junge und der arme Junge und Mr. Barlow, ihr Lehrer und Gesprächspartner, in lange Unterhaltungen vertieft, die mit dramatischen Szenen alternieren – Gefahr und Errettung, die den Reichen beziehungsweise den Armen zugeteilt sind. Das Werk mag nur einsilbige Wörter enthalten, doch eines davon ist »quoth/sprach«. Es endet nicht mit einer Moral, sondern mit zweien, die beide in Ringe eingraviert sind: »Tu, was du tun sollst, gleich was kommt«, »Eh' man groß wird, muß man gut zu sein.«

Diesem Exemplar fehlte der vordere Einband; der Rücken wurde von mehrschichtigen Streifen bekleisterten Papiers, die sich nunmehr golden verfärbt hatten, zusammengehalten, und die Seiten waren beschmutzt, fleckig und an den Rändern zerfleddert; die knalligen Illustrationen hatten sich herausgelöst, doch sie waren erhalten und hineingelegt. Ich hatte sogar in meiner unbekümmerten Kindheit das Gefühl, dieses Buch sei das einzige eigene Buch, das mein Vater als kleiner Junge besessen hatte. Er hatte an ihm festgehalten, war vielleicht auf seinem einbandlosen Gesicht eingeschlafen: Er hatte seine Mutter verloren, als er sieben war. Mein Vater hatte das Buch seinen eigenen Kindern gegenüber niemals erwähnt; dennoch hatte er es aus Ohio in unser Haus mitgebracht und es in unseren Bücherschrank gestellt.

Meine Mutter hatte aus Westvirginia jene Dickens-Ausgabe mitgebracht; diese Bücher sahen ebenfalls traurig aus – sie hätten Feuer und Wasser überstanden, ehe ich geboren wurde, erzählte sie mir, und da waren sie nun: aufgereiht – wie ich später erkannte, wartend auf *mich*.

Mir wurden von der frühesten Zeit meiner Erinnerung an eigene Bücher geschenkt, die sich an meinem Geburtstag und am Weihnachstmorgen einstellten. Doch konnten meine Eltern mir nie genug Bücher geben. Sie müssen Verzicht geübt haben, um mir an meinem sechsten und siebten Geburtstag – es war, nachdem ich selbst lesen konnte – das zehnbändige Werk *Our Wonder World* zu schenken. Es waren wunderschön gefertigte, schwere Bücher, mit denen ich mich auf den Fußboden vor dem Kamin im Eßzimmer legte, und häufiger als alle anderen war der Band 5, *Every Child's Story Book*, vor meinen Augen. Märchen waren darin – Grimm, Andersen, die englischen, die französischen, »Ali Baba und die vierzig Räuber«, und Aesop und Reinecke Fuchs; die Mythen und Sagen, Robin Hood, König Arthur und Sankt Georg und der Drache, sogar die Geschichte der Jean d'Arc; ein Teil von *Pilgrim's Progress* und ein langer Ausschnitt aus *Gulliver*. Sie alle besaßen ihre klassischen Illustrationen. Ich ließ mich in diesen Seiten nieder und konnte geradewegs zu den Geschichten und Bildern gehen, die ich liebte; sehr häufig fiel die erste Wahl auf »The Yellow Dwarf/Der gelbe Zwerg«, wobei Walter Cranes gelber Zwerg in voller Farbe und seitlich von Truthähnen umgeben furchterregend auftrat. Heute ist dieser Band genauso abgenutzt und ohne Rücken und zerfleddert wie der arme *Sanford and Merton* meines Vaters. Die kostbare Seite mit Edward Lears »Jumblies« darauf ist die ganzen Jahre über in Gefahr gewesen herauszufallen. Ein Maßstab meiner Liebe für *Our Wonder World* war es, daß ich mich eine ganze Zeitlang fragte, ob ich dafür, wie meine Mutter es für Charles Dickens getan hatte, durch Feuer und Wasser gehen würde; und der einzige Trost war der Gedanke, daß ich meine Mutter bitten könnte, es an meiner Statt zu tun.

Ich glaube, ich bin das einzige Kind, von dem ich weiß, daß es mit diesem Schatz im Haus aufwuchs. Ich pflegte andere zu fragen: »Hast du *Our Wonder World* gehabt?« Ich mußte ihnen erklären, daß *The Book of Knowledge* ihm nicht das Wasser reichen konnte.

Ich lebe in Dankbarkeit meinen Eltern gegenüber, daß sie mich – sofort als ich darum bat und ohne mich warten zu lassen – eingeweiht haben in das Wissen über die Welt, ins Lesen und Schreiben mit Hilfe des Alphabets. Sie lehrten es mich so früh, daß ich mit dem Lesen beginnen konnte, ehe ich in die Schule kam. Ich glaube, das Abc wird nicht länger als wesentlicher Bestandteil des Rüstzeugs angesehen, mit dem man durchs Leben kommt. Zu meiner Zeit war es der Grundpfeiler des Wissens. Man lernte das Abc, wie man bis zehn zählen lernte, wie man »Müde bin ich« und das Vaterunser und den Namen, die Adresse und Telephonnummer der Eltern lernte, für den Fall, daß man sich verirrte.

Meine Vorliebe fürs Alphabet, die noch anhält, erwuchs daraus, es aufzusagen, doch noch früher daraus, die Buchstaben auf der Buchseite zu sehen. In meinen eigenen Geschichtenbüchern verliebte ich mich, ehe ich diese selbst zu lesen imstande war, in verschiedene sich dahinschlängelnde, entzückend ausschauende Initialen, die Walter Crane an den Beginn von Märchen gezeichnet hatte. In »Once upon a time« rannte ein Kaninchen im »O« als Tretmühle herum, die Läufe auf Blumen. Als Jahre später für mich der Tag kam, da ich das *Book of Kells* zu Gesicht bekam, rauschte der ganze Zauber der Buchstaben, Initialen und Wörter tausendfach über mich hinweg, und die Buchmalerei, das Gold schienen ein Teil von der Schönheit und Heiligkeit der Welt zu sein, die von Anbeginn an dagewesen waren.

Das Lesen prägt einen mit seinen Augenblicken. Das Lernen der Kindheit besteht aus Augenblicken. Es ist nicht stetig. Es ist ein Puls.

In einer Zeichenstunde für Kinder saßen wir im Kreis auf Kindergartenstühlen und zeichneten drei Narzissen, die kurz zuvor auf dem Hof gepflückt worden waren; und während ich zeichnete, entsandten mein angespitzter Gelbstift und die Blüten der gelben Narzissen den gleichen Duft. Daß der Stift, der das Zeichnen besorgte, den gleichen Duft entsandte wie die Blume, die er zeichnete, war Teil der Zeichenstunde – und wieso auch nicht? Kinder benutzen wie Tiere alle ihre Sinne, um die Welt zu entdecken. Dann kommen die Künstler daher und erfahren sie wieder auf die gleiche Weise. Hier wie dort ist es dieselbe Welt. Oder ab und zu hören wir von einem Künstler, der diese Erfahrung nie verloren hat.

Zu meiner Sinneserziehung zähle ich auch mein physisches Empfinden fürs *Wort*. Das heißt: für ein bestimmtes Wort; den Bezug, den es zu dem besitzt, für das es steht. Vielleicht ungefähr im Alter von sechs Jahren stand ich allein im Hof vor unserem Haus und wartete aufs Abendessen; es war genau zu der Stunde an einem Spätsommertag, wenn die Sonne bereits hinter dem Horizont und der aufgegangene Vollmond am sichtbaren Himmel nicht mehr kreidefarben ist, sondern Licht annimmt. Dann kommt der Augenblick – und ich sah ihn damals –, in dem der Mond nicht mehr flach ist, sondern rund wird. Zum erstenmal traf er meine Augen als Kugel. Das Wort »Mond« kam mir auf die Lippen, als wäre es mir mit einem silbernen Löffel eingeflößt worden. In meinem Mund festgehalten, wurde der Mond zu einem Wort. Es besaß die Rundheit einer Concordtraube, die Großvater in Ohio von seinem Weinstock pflückte und mir zum Aussaugen gab und die ich ganz verschluckte.

Diese Vorliebe schützte mich nicht davor, jahrelang in törichtem Irrtum über den Mond zu leben. Der neue Mond, der eben im Westen erschien, war für mich der aufgehende Mond. Neues sollte aufgehen. Und in früher Kindheit nahm ich ebenso einfach an, daß Sonne und Mond, diese entgegengesetzten herrschenden Mächte, im Osten beziehungsweise im Westen an den gegenüberliegenden Seiten des Himmels aufgingen und sich wie Partner bei einem Reel vorwärtsbewegten – die Sonne aus dem Osten, der Mond aus dem Westen –, sich überkreuzten (wenn ich gerade nicht hinsah) und auf der anderen Seite untergingen. Mein Vater konnte nicht gewußt haben, daß ich das glaubte, als er mich, hinter mir stehend und meine Schulter führend, im Hof vor dem Haus an sein Teleskop stellte und, indem er das Instrument scharf einstellte, mir den Mond heranholte.

Der Nachthimmel über dem Jackson meiner Kindheit war samtig schwarz. Ich vermochte, die Sternbilder darin zu sehen und diese beim Namen zu nennen; als ich lesen konnte, wußte ich um ihre Mythen. Obzwar ich stets bei Eklipsen geweckt und in der Tat als Kleinkind auf dem Arm zum Fenster getragen wurde und im Schlaf den Halleyschen Kometen gezeigt bekam und obschon ich an unserem Eßtisch über das Sonnensystem unterrichtet worden war und wußte, daß die Erde sich um die Sonne und unser Mond sich um uns drehen, fand ich nicht heraus, daß der Mond nicht im Westen aufsteigt, bis ich bereits schrieb und Herschel Brickell, der Literaturkritiker, mir sagte, daß ich den Mond in meiner Erzählung falsch plaziert hätte. Er sagte mir wertvolle Worte über meinen neuen Beruf: »Achten Sie darauf, daß Sie Ihren Mond im richtigen Teil des Himmels haben.«

Meine Mutter sang immer ihren Kindern vor. Ihre Stimme kam ein ganz klein wenig in Moll heraus. »Wee Willie Winkies« Lied war wundersam traurig, wenn sie die Wiegenlieder sang.

»Ach, es gibt doch jetzt eine Schallplatte. Sie könnte ihre eigene Platte zum Zuhören haben«, hatte mein Vater gesagt. Denn es kam eine Victrola-Schallplatte von »Bobby Shafftoe« und »Rock-a-Bye Baby«, von allen Wiegenliedern meiner Mutter heraus, die ihren Gesang ersetzten konnte. Schon bald war es mir möglich, ihr den ganzen Tag lang meine Wiegenlieder vorzuspielen.

Unser Victrola-Grammophon stand im Eßzimmer. Ich durfte auf einen Stuhl im Eßzimmer klettern, um den Apparat anzukurbeln, die Platte sich drehen und die Nadel spielen zu lassen. Eine Sekunde später sprang ich dann auf den Fußboden hinunter und drehte mich im Kreis oder marschierte um den Tisch herum, geradeso, wie es die Musik verlangte – nun konnte ich auch alle anderen Platten spielen. Ich flitzte auf den Stuhl zurück genau zur richtigen Zeit, um die Nadel hochzuheben, die Platte anzuhalten und umzudrehen und danach die Nadel zu wechseln. Der Messingbehälter mit einem Loch im Deckel verbreitete einen metallischen Geruch wie menschlicher Schweiß, wegen all der vielen heißen Nadeln, die in ihn hineingetan wurden. Das Aufziehen, Tanzen, Aufpassen beim Starten und Stoppen der Schallplatte – in all dem bestand freilich der Akt des *Zuhörens*: zur »Ouvertüre zur *Regimentstochter*«, »Ausgewählte Stücke aus *The Fortune Teller*«, »*Kiss Me Again*«, »Zigeunertanz aus *Carmen*«, »Stars and Stripes Forever«, »When the Midnight Choo-Choo Leaves vor Alabam« oder was sonst als nächstes kam. Bewegung muß die Hauptsache beim Zuhören sein.

Seit mir zunächst vorgelesen wurde, ich dann selbst zu lesen imstande war, hat es nicht eine gelesene Zeile gegeben, die ich nicht *hörte*. Während meine Augen dem Satz folgten, sagte in mir eine Stimme leise vor. Es ist nicht die Stimme meiner Mutter oder irgendeiner anderen Person, die ich identifizieren kann, schon gar nicht meine eigene. Es ist eine menschliche Stimme, eine innere, und innerlich höre ich ihr zu. Sie ist für mich die Stimme der Erzählung oder des Gedichts selbst. Der Tonfall, was immer es ist, das einen anhält, alles zu glauben; das Gefühl, das dem gedruckten Wort inne ist, erreicht mich mittels der Leserstimme. Ich habe angenommen, es aber nie herausgefunden, daß dies auf alle Leser zutrifft – als Zuhörer zu lesen – und auf alle Schriftsteller – als Zuhörer zu schreiben. Es mag Teil des Verlangens zu schreiben sein. Der Klang dessen, was man zu Papier bringt, steht für mich am Anfang des Prozesses, es auf Wahrheit hin zu prüfen. Ob ich damit recht habe, so weit zu vertrauen, weiß ich nicht. Inzwischen weiß ich nicht, ob ich beides, Schreiben und Lesen, ohne das je andere zu tun imstande wäre.

Wenn ich an einer Erzählung arbeite, höre ich meine eigenen Worte in derselben Stimme, die ich höre, wenn ich in Büchern lese. Wenn ich schreibe und der Klang in meine Ohren zurückdringt, dann handele ich und mache meine Änderungen. Ich habe dieser Stimme stets vertraut.

In jener entschwundenen Zeit in der Kleinstadt Jackson waren die meisten der mir bekannten Damen, Mütter meiner Freundinnen aus der Nachbarschaft, am geschäftigsten, wenn sie Geselligkeit pflegten. An den Nachmittagen besuchte man sich regelmäßig straßauf, straßab im gesamten Netz der Wohnstraßen. Jeder hatte Visitenkarten, sogar bestimmte Kinder hatten welche; und selbst neugeborene Babys wurden ordnungsgemäß angekündigt, indem ihre winzigen gedruckten Visitenkarten, befestigt an denen ihrer Eltern mit einer rosafarbenen oder blauen Schleife, versandt wurden. Abschlußgeschenke für Schüler der Oberstufe waren häufig »Kartenangelegenheiten«. Auf dem Tisch in der Diele eines jeden Hauses war das erste, was man sah, ein Silbertablett, das darauf wartete, weitere Visitenkarten zusätzlich zu dem Hau-

fen zu empfangen, der sich bereits wie Mikadostäbchen ange-
sammelt hatte; sie wurden niemals weggeworfen.

Meine Mutter nahm nichts von diesem Nichtstun, wie sie
es nannte, an; sie ging ihrer eigenen Wege, mit oder ohne Visitenkarten, und obzwar sie ihre Freunde mochte und diese
sie, hatte sie wenig Zeit für einen Plausch. Anfangs wußte ich
nicht, was ich versäumt hatte.

Als wir schließlich unser erstes Automobil kauften, wurde
eine unserer Nachbarinnen häufig eingeladen, bei der Famili-
enfahrt an Sonntagnachmittagen mit uns zu kommen. In
Jackson galt es als Affront den Nachbarn gegenüber, irgendwohin mit einem leeren Sitz im Auto aufzubrechen. Meine
Mutter saß mit ihrer Freundin hinten, und man hat mir erzählt, daß ich als kleines Kind gewöhnlich darum bat, in der
Mitte zu sitzen, und, wenn wir losfuhren, sagte: »Nun *redet*.«

Dialoge durchzogen den Bericht der Dame an meine Mutter. »Ich sagte« ... »Er sagte« ... »Und man hat mir berichtet,
daß er deutlich sagte« ... »Es war Mitternacht, ehe sie es
schließlich erfuhren, und was glaubst du, was es *war*?«

Was ich an ihren Geschichten liebte, war, daß sich alles in
Szenen zutrug. Ich mochte nicht erfassen, was jeweils die
Wurzel des Übels bei allem war, was geschah, doch mein Ohr
sagte mir, daß es dramatisch war. Häufig sagte sie: »Die Krise
war gekommen!«

Dieselbe Dame war eine von meines Mutters Anrufern, die
immer lang sprachen. Ich wußte, wer es war, wenn meine
Mutter nur ab und zu entgegnete: »Ist es denn die Möglichkeit!« oder »Ist nicht wahr!« oder »Gewiß nicht.« Sie pflegte
dann am Wandtelephon zu stehen und gegen ihren Willen zuzuhören, und ich saß gewöhnlich auf der Treppe in ihrer
Nähe. Unser Apparat hatte eine kleine Taste, die in den Hörer
eingelassen war und die heruntergedrückt und festgehalten
werden mußte, um die Verbindung aufrechtzuerhalten, und
wenn ihre Freundin sich verabschiedet hatte, brauchte meine

Mutter mich, um ihre Finger von der kleinen Taste loszubekommen; ihr Griff war starr geworden. »Was hat sie gesagt?« fragte ich.

»Sie hat überhaupt nichts *gesagt*«, seufzte meine Mutter. »Sie wollte nur reden, das ist alles.«

Meine Mutter hatte recht. Jahre später, als ich mit meiner Erzählung »Warum ich auf dem Postamt wohne« begann, verwendete ich durchaus häufig die Form des Monologs, der vom Sprechenden Besitz ergreift. Wieviel mehr wird nebenbei berichtet!

Diese Dame erzählte alles in ihrer süßen, von Staunen erfüllten Stimme und meinte jedes Wort davon freundlich. Sie freute sich über meine Gesellschaft vielleicht mehr als über die meiner Mutter. Sie lud mich ein, ihre Ameisenlöwen zu fangen; unter den Bäumen in ihrem Hinterhof waren Dutzende von deren Löchern. Wenn man den Halm eines Strohbesens in eines hineinsteckte und rief: »Ameisenlöwe, Ameisenlöwe, dein Haus brennt, und alle Kinder verbrennen«, dann sei das, so glaubte sie, der Grund, weshalb der Ameisenlöwe aus dem Loch gelaufen käme. Deshalb liebte ich es auch mehr, ihre statt unserer Ameisenlöwen zu mobilisieren.

Meine Mutter konnte mir niemals diese Geschichten erzählt haben, und ich glaube, ich wußte schon damals warum: meine Mutter glaubte sie nicht. Ich jedoch konnte dieser raunenden Dame den ganzen Tag lang zuhören. Sie glaubte alles, was sie hörte, wie die Sache mit den Ameisenlöwen. Und ich auch.

Das waren die Tage, da Damen- und Kinderkleidung noch sehr oft zu Hause angefertigt wurden. Meine Mutter schnitt alle Kleider und die Spielanzüge ihrer Jungen zu, und eine Näherin kam gewöhnlich und verbrachte den Tag oben im Nähzimmer damit, diese zusammenzupassen und zusammenzunähen. Das war Fannie. Diese alte schwarze Näherin brachte neben ihrer Schnelligkeit und Geschicklichkeit einen großen Vorrat an letzten Neuigkeiten mit. Sie verbrachte ihr Leben damit, in der Stadt von Haus zu Haus zu gehen, und arbeitete mitten im Schoß der Familie, und nichts vermochte sie aufzuhalten. Meine Mutter versuchte es häufig, während ich dastand und abgesteckt wurde. »Fannie, mir wäre es lieber, Eudora hörte das nicht.« »Das« aber genau war, was ich sehnsüchtig hören wollte, was immer es sein mochte. »Ich möchte nicht, daß sie dem Klatsch ausgesetzt ist« – als wäre Klatsch wie Masern, und ich könnte mich anstecken. Ich schnappte einiges auf, doch nicht genug. »Mrs. O'Neills älteste Tochter, sie hat ihr Hochzeitskleid anprobiert bekommen, und all ihre feine Unterwäsche war schon mit Federstichen verziert und mit Bändern versehen, und dann –« »Ich denke, das reicht, Fannie«, sagte meine Mutter. Es waren Tantalusqualen, daß man nichts lang genug ausgesetzt war, um das Ende zu hören.

Fannie war die leutseligste Frau, die man sich vorstellen konnte. Sie konnte das tun, was immer ihre Hände taten, ohne aufzuhören zu reden; und sie konnte mit jeder Menge Stecknadeln im Mund wunderbar abschätzig sprechen. Ihre Hände hielten mich unverrückbar fest wie Klauen, während sie auf Knien um mich herumstapfte und mich zusammenheftete. Das Wesentliche ihrer Geschichte entging mir ganz und gar, doch Fannie kümmerte sich nicht um das Ohr, dem sie sie erzählte; sie erzählte einfach gern. Sie war wie eine Autorin. Tatsächlich *war* sie, so wage ich zu sagen, bei einer ganzen Menge dessen, was sie sagte, die Autorin.

Lange bevor ich Erzählungen schrieb, hörte ich mich nach Geschichten um. Sich nach Geschichten umhören, ist etwas viel Intensiveres, als ihnen zuzuhören. Ich nehme an, es ist eine frühe Form der Teilnahme an dem, was vorgeht. Kinder, die zuhören, wissen, daß Geschichten wirklich *existieren*. Wenn die Großen sich hinsetzen und beginnen, warten und hoffen Kinder darauf, daß eine herauskommt, wie eine Maus aus einem Loch.

Es galt als völlig selbstverständlich, daß in unserer Familie nicht gelogen wurde, und ich war bereits weit in der Pubertät, ehe ich bemerkte, daß in einer Menge Häuser, in denen ich mit Mitschülerinnen spielte und wohin ich zu deren Parties ging, die Kinder die Eltern und die Eltern die Kinder und sich gegenseitig belogen. Ich brauchte lang, um festzustellen, daß eben diese Alltagslügen und die Kniffe und Schliche, die Streiche und Tricks und Kühnheiten, die mit ihnen einhergingen, in Wahrheit die Grundausstattung der *Szenen* waren, von denen ich so gern hörte und auf die ich hoffte und die ich in der Unterhaltung Erwachsener schätzte.

Mein Instinkt – der dramatische Instinkt – führte mich dann schließlich auf den rechten Weg einer Geschichtenerzählerin: Die Szene war voll von Andeutungen, Fingerzeigen, Anspielungen und Hindeutungen auf Dinge, die es über Menschen herauszufinden und zu wissen gilt. Ich mußte erwachsen werden und lernen, auf das Unausgesprochene ebenso wie auf das Ausgesprochene zu hören – und um die Wahrheit zu erkennen, mußte ich eine Lüge erkennen.

Wenn meine Mutter, um mir gute Nacht zu sagen, auf die Veranda hinauskam, auf der wir schliefen, kam für sie der Augenblick der Prüfung. Die plötzliche Stille im Doppelbett bedeutete, daß meine beiden jüngeren Brüder »kieloben lagen« und daß ich auf meiner Seite der Veranda im Einzelbett bebte und zitterte und darauf wartete, ob dies die Nacht sei, in der sie mir das erzählen würde, was sie mir seit langem versprochen hatte. Genau wenn sie sich herabbeugte, um mich zu küssen, packte ich sie und fragte: »Wo kommen die Babys her?«

Meine arme Mutter! Irgend etwas rettete sie jedesmal. Fast

in jeder Nacht, in der ich ihr die Frage nach den Babys stellte, begann Professor Holt plötzlich, als explodierte draußen die Welt, zu singen. Die Holts lebten nebenan; er unterrichtete Kalligraphie (nach der Palmer-Methode), Maschinenschreiben, Buchführung und Stenographie an der High-School. Seine nervöse Stimme drang aus dem Eßzimmer über die beiden Auffahrten zwischen unseren Häusern hinweg und nach oben herauf zu unserem Schlafzimmer. Seine gewöhnlich so ruhige und sanfte Ehefrau war seine unheimlich temperamentvolle Begleiterin am Klavier. »High-ho! Come to the Fair« sang er häufig, wenn nicht »Oho ye oho ye, who's bound for the ferry, the briar's in bud and the sun's going down!«

»Meine Güte, das ist kein guter Zeitpunkt, um deine Mutter zu verstehen, meinst du nicht?«

Sie konnte einfach nicht beginnen. Sobald sie etwas flüsterte, gallopierte Professor Holt in den Refrain: »And 'tis but a penny to Twickenham town!« »Ist das nicht genug?« fragte sie mich. Sie sagte mir, Mutter und Vater müßten beide das Baby wollen. Das konnte nicht genug sein. Ich wußte, daß sie nicht versuchte, mich anzuflunkern – denn sie flunkerte nie; trotzdem wußte ich, daß sie es mir nicht *richtig* erzählte. Und mehr noch – ich fürchtete mich davor, was ich als nächstes zu hören bekäme. Der Grund war teilweise, daß sie es mir im Dunkeln sagen wollte. Ich dachte, sie könne Angst haben. In so etwas wie kindlicher Resignation dachte ich, sie *könne* es mir nicht sagen, ebensowenig wie sie lügen konnte.

In der Nacht, als wir es vielleicht geschafft hätten, fing sie, ohne gefragt worden zu sein, an zu reden, und ich vermasselte alles, indem ich ausrief: »Mutter, schau die Leuchtkäfer!«

In jener Zeit war die Dunkelheit wirklich dunkel. Und das Dunkel draußen war erfüllt mit dem schwachen Beinahlicht von Leuchtkäfern. Sie waren überall, blinkten in langsamer horizontaler Bewegung im Aufschwung auf, hoben und senkten sich in der lautlosen Dunkelheit. Leuchtkäfer signalisierten und antworteten ohne Pause vom Stamm bis zur Krone unserer nordamerikanischen Platane. Meine Mutter gab mir nur einen nüchternen Kuß und kehrte zu Papa in ihr Zimmer im Vorderteil des Hauses zurück. Von Leuchtkäfern abgelenkt, hatte ich meine Chance vertan. Sie sagte es mir tatsächlich nie.

Ich bezweifele, daß irgendein mir bekanntes Mädchen jemals mehr als ich von seiner Mutter über Babys zu hören bekam. Ich bezweifele sogar, daß ihre eigene Mutter ihr jemals mehr erzählte, als sie mir erzählte, obwohl es fünf Brüder gab, die nach Mutter geboren wurden, einer nach dem anderen, und sie sich die ganze Kindheit über um Babys kümmerte.

Während sie sich nicht dazu bringen konnte, jene Tür zu öffnen und deren Geheimnis zu lüften, stieß sie eines Tages eine andere Tür auf.

In der untersten Schublade ihres Sekretärs im Schlafzimmer bewahrte sie Kostbarkeiten in Schachteln auf, und sie hatte mir erlaubt, mit einer von diesen zu spielen – einem Zopf von ihrem eigenen kastanienfarbenen Haar; es war eine schwere, glänzende Flechte, die sich in der Schachtel wie eine Schlange ringelte. Ich hängte sie an den Türknopf und flocht sie auf; sie fiel in sanften Wellen fast bis zum Boden hinab, und es stellte die Rapunzel in mir zufrieden, das Haar auszukämmen. Eines Tages jedoch bemerkte ich in derselben Schublade eine kleine weiße Pappschachtel, die so war wie jene, in denen die Visitenkarten meiner Mutter von der Druckerei kamen. Sie war fest verschlossen, doch ich öffnete sie und fand zu meiner Verblüffung und Begierde zwei polierte Fünfcentstücke mit einem Bison darauf, die in weißer Watte lagen. Ich eilte mit dieser geöffneten Schachtel zu meiner Mutter und fragte, ob ich hinausgehen und die Fünfcentstücke ausgeben dürfte.

»Nein!« rief sie leidenschaftlich aus. Sie nahm die Schachtel an sich. Ich bettelte; irgendwie hatte ich zu weinen angefangen. Dann setzte sie sich nieder und zog mich zu ihr hin und erzählte mir, daß ich einen kleinen Bruder gehabt hätte, der vor mir auf die Welt gekommen, jedoch vor meiner Geburt als Baby gestorben sei. Und diese beiden Geldstücke, die ich als meinen Fund hatte beanspruchen wollen, gehörten ihm. Sie hätten auf seinen Augenlidern gelegen, zu einem ungenannten und unvorstellbaren Zweck. »Er war ein schönes kleines Baby, mein erstes Baby, und es hatte nicht sterben sollen. Doch es starb. Es geschah, weil deine Mutter zur gleichen Zeit fast gestorben wäre«, erzählte sie mir. »Indem sie sich um mich kümmerten, vergaßen sie fast das kleine Baby.«

Sie teilte mir das falsche Geheimnis mit – nicht wie Babys kommen, sondern wie sie sterben konnten, wie sie vergessen werden konnten.

Ich fragte mich in den Jahren danach: Wie konnte meine Mutter diese beiden Geldstücke verwahrt haben? Doch wie konnte jemand wie sie auf andere Weise darüber verfügt haben? Sie litt unter einer trübsinnigen Veranlagung, die sich bei bestimmten Anlässen – den schlimmsten Anlässen – im ganzen Leben der Familie bemerkbar machte und uns bekümmerte, uns umklammerte, was es für sie noch ärger werden ließ; ihre unerträglichen Augenblicke vermochten keinen Ausweg zu finden.

Die zukünftige Erzählerin im Kind, das ich war, muß von folgendem unbewußt Notiz genommen und es behalten haben: Ein Geheimnis wird leicht statt eines anderen gelüftet, das schwerer zu lüften ist, und das Ersatzgeheimnis ist, schamlos enthüllt, häufig um so entsetzlicher.

Vielleicht wurde es für meine Mutter dadurch leichter gemacht, mir das zu erzählen, was sie tat, daß die beiden Geheimnisse, ausgesprochen und doch nicht ausgesprochen, in ihrem tiefsten Empfinden miteinander verbunden waren, intimer noch als irgend jemand, vielleicht sogar sie selbst, es jemals wußte. Soweit ich mich heute erinnere, war dies das einzige Mal, daß dieses Baby je in meiner Gegenwart erwähnt wurde. Soweit ich mich erinnern kann, und ich habe es versucht, wurde es nie in der Gegenwart meines Vaters erwähnt, nach dem es benannt war. Ich bin mir aber sicher, daß mein Vater, der Schmerz nie gut ertragen konnte, es nicht zu ertragen vermocht hätte.

Mein Vater war es (wie meine Mutter mir zu einem späteren Zeitpunkt erzählte), der ihr Leben rettete, nachdem jenes Baby geboren war. Der Arzt hatte sie bereits aufgegeben, zumal sie seit längerer Zeit keine Nahrung mehr zu sich nehmen konnte. (Es war jene Krankheit, als sie ihr das Haar abschnitten, das den Zopf in der erwähnten Schublade des Sekretärs bildete.) Was sie hatte, war Blutvergiftung, die in jenen Tagen fast immer tödlich ausging. Was mein Vater unternahm, war, Champagner zu versuchen.

Ich fragte mich einmal, woher er, der vor nicht allzulanger Zeit von einer Farm in Ohio gekommen war, jemals von einem derartigen Heilmittel, einer derartigen Maßnahme gehört hatte. Oder vielleicht, soweit er wußte, erfand er es aus der Kraft der Verzweiflung heraus. Es mußte eine übermäßige Verzweiflung gewesen sein, zumal man in Jackson keinen Champagner kaufen konnte. Doch irgendwie wußte er auch hier, was zu tun war. Er rief in Canton, vierzig Meilen nördlich, einen italienischen Obstbauern, Mr. Trolio, an, erzählte ihm von der Notwendigkeit und bat, beschwor ihn, er möge eine Flasche seines Weins im Zug Nummer 3 mitschicken, der in ein paar Minuten in Canton anhalten würde, um »Wasser zu tanken« (mein Vater wußte alles über Zugfahrpläne). Mein Vater würde dann den Zug in Jackson erwarten. Mr. Trolio tat es – er schickte die Flasche in einem Eiskühler, und mein Vater schnappte sie rasch aus dem Gepäckwagen. Er bot meiner Mutter ein Glas gekühlten Champagner an, und sie trank es und behielt es unten. Sie sollte schließlich doch am Leben bleiben.

Nun war ihr Haar wieder lang; es reichte in einer Flechte ihren Rücken hinab, und nun war ich ihr Kind. Sie war nicht gestorben. Und als ich kam, war ich ebensowenig gestorben. Würde sie jemals sterben? Würde ich jemals? *Jemals* war zuviel für mich. Ich muß auf ihren Schoß geeilt sein und nach ihr wie ein Baby verlangt haben. Und sie mußte ihr Erstgeborenes für mich hintanstellen.

Natürlich ist es einfach zu verstehen, warum sie mich überbehüteten, warum mein Vater, ehe ich ein neues Paar Schuhe zum erstenmal tragen konnte, mich warten ließ, während er sein schmales silbernes Taschenmesser hervorholte und mit der Klingenspitze die polierten Sohlen sorgfältig in einem diamantförmigen Muster einritzte, um mich davor zu bewahren, daß ich beim Herumlaufen auf dem gebohnerten Fußboden ausrutschte.

Wie ich immer wieder erfahren sollte, hatte meine Mutter den Kopf voller Gedanken. Was immer geschah, war für sie ewig gepaart mit etwas, das vorher einem von uns oder ihr passiert war. Es wurde ein heimlicher Gedenktag. Jedesmal, wenn mir irgendein möglicher Schaden drohte, dachte sie daran, wie sie ihr erstes Kind verlor. Als zu Weihnachten ein Goldrausch nach hinten in meinen Ärmel hinein losging, erstickte sie das Feuer in aller Eile mit dem ersten besten, das sie greifen konnte; es war ein Geschirrtuch, das in der Küche hing, und die Verbrennung an meinem Arm entzündete sich. Ich war einfach stolz auf meine Armschlinge, denn ich konnte sie zur Schule tragen, und ihre wiederholten Selbstbeschuldigungen – sogar wegen der Schlinge – verwirrten und bekümmerten mich.

Wenn meine Mutter mir sagte, sie wünsche, daß ich etwas hätte, weil sie als Kind es nie besessen habe, wollte ich es zurückgeben. Oder zumindest wollte ich es zum Teil. Mein ganzes Leben lang habe ich fortwährend empfunden, daß Glück für mich Entbehrung und Entsagung für meine Mutter bedeutet hat. Ich glaube nicht, daß es ihr in den Sinn kam, welch zwiespältige Regung ich fühlte, und in der Tat weiß ich, daß es ihr gegenüber unfair war; denn was sie sagte, war schlicht die Wahrheit.

»Heute abend möchte ich dich mit deinem Vater ins Century Theater gehen lassen. Ich möchte lieber, daß du *Blossom Time* siehst, als daß ich ginge.«

Ich saß dann im Century in der ersten Reihe auf dem Balkon, wo stets ihre Sitzplätze waren, neben meinem Vater und zu einer Stunde lange nach meiner Schlafenszeit, gänzlich von der Aufführung mitgerissen, und unvermittelt packte mich der Gedanke an meine Mutter, die zu Hause bei meinen schlafenden jüngeren Brüdern geblieben war und das Spektakel, das sich gerade vor meinen Augen abspielte, versäumte und die ohne die Aufregung und das Staunen, die mich erfüllten, auskam, und ich vermochte vor Schuldgefühlen meine Freude kaum zu ertragen.

Es ist kein Wunder, daß schon sehr früh in mir eine Leidenschaft für Unabhängigkeit aufbrach. Ich brauchte lang, das Unabhängigsein in den Griff zu bekommen; denn ich liebte diejenigen, welche mich beschützten – und unvermeidlich wollte ich sie auch beschützen. Mir ist es niemals gelungen, mit dem Schuldgefühl fertig zu werden. Beim Schreiben an sich und beim Schreiben von Erzählungen gibt es zwei Quellen, eine hell, eine dunkel, die den Strom nähren.

Als ich sechs oder sieben war, wurde ich von der Schule genommen und wegen eines Leidens ins Bett gesteckt, das der Arzt als »schnellschlagendes Herz« bezeichnete. Ich fühlte mich in Ordnung – vielleicht fühlte ich mich zu gut. Es war das Gefühl der Spannung. Jedenfalls durfte ich den ganzen

Tag über das Doppelbett meiner Eltern im vorderen oberen Schlafzimmer in Anspruch nehmen.

Ich sollte ruhen, und die kleinen Kinder konnten nicht andauernd hereingelaufen kommen und mich aufregen. Die Davis-Schule lag genau auf der anderen Straßenseite. Vom Fenster neben mir konnte ich Kontakt halten, die Schulleiterin die Glocke läuten hören, sehen, welche Kinder zu spät kamen, und beobachten, wie meine Klassenkameradinnen in der Pause gemeinsam aßen: Ich kannte ihre Schulbrote. Ich hatte Heimweh nach der Schule; meine Mutter opferte Zeit, um mich in Arithmetik zu unterrichten und mir Rechtschreibung abzuhören.

Eine üppige Fülle an Geschichtenbücher bedeckte mein Bett; es war das »Land der Tagesdecke«. Während ich draufloslas, war ich Rapunzel oder die Gänsemagd oder die Prinzessin Labam in einer der »Tausend und einen Nächte«, die jede Nacht aufs Dach ihres Palasts stieg und kraft ihres eigenen Leuchtens getreulich die ganze Stadt erleuchtete, indem sie nur dort ruhte, und ich träumte mit offenen Augen, ich könnte die Davis-Schule von der anderen Seite der Straße aus erleuchten.

Doch ich träumte nie, ich könne etwas lernen, solang ich dem Klassenzimmer fern war, und daß für mein Leben weitreichende Funken der Erleuchtung von allein weiterwirkten. Nachdem sie mir gute Nacht gesagt und mich zugedeckt hatten – obschon ich wußte, daß sie mich, nachdem ich schließlich eingeschlafen war, hochnahmen und mich forttrugen –, drapierten meine Eltern den Lampenschirm mit einem Blatt der Tageszeitung, das wie eine Hutkrempe geneigt war, so daß sie in ihren Schaukelstühlen in einem erleuchteten Teil des Zimmers sitzen konnten und ich – wie sie annahmen – in der schützenden Dunkelheit des Bettes einzuschlafen vermochte. Sie saßen da und unterhielten sich. Was mir so auf dramatische Weise zum Geschenk gemacht wurde, war das sichere

Gefühl des verborgenen Beobachters. Solange ich mich wachhalten konnte, stand es mir frei, jedes Wort, das meine Eltern miteinander sprachen, zu hören.

Ich erinnere mich nicht, daß mir irgendein Geheimnis enthüllt wurde, noch erinnere ich mich einer starken Neugier in mir, etwas zu erfahren, das ich nicht erfahren sollte – vielleicht war ich noch zu jung, um zu wissen, auf was ich hätte horchen sollen. Doch ich war mit dem wichtigsten Geheimnis, das es gab, im Raum anwesend – die beiden, Vater und Mutter, ganz eins dasitzend. Ich war mir dieses Geheimnisses und meines dazu im Gleichklang heftig schlagenden Herzens bewußt, während ich im schrägschattigen Licht des Zimmers lag, mit jenem braunen, birnenförmigen Brandfleck im Zeitungsschirm, wo dieser einmal zu heiß geworden war.

Worüber sie sprachen, davon habe ich keine Ahnung, und es war nicht der Gesprächsgegenstand, der mir etwas bedeutete. Dieser war ohne Zweifel derselbe, über den jedes junge verheiratete Paar sprach, das zum erstenmal an einem langen, wahrscheinlich turbulenten Tag vertraulich beieinander saß. Es waren das Gemurmel, das Hin-und-Her, das unbemerkte Strecken der Zeit zwischen meiner Schlafenszeit und der ihren, was mich dort in einiger Entfernung wohlig wärmte. Was ich fühlte, war nicht, ausgeschlossen, sondern einbezogen zu sein in das, was ich von ihren Stimmen hören und von ihren Gesichtern im Kegel gelben Lichts unter dem braunverbrannten Lampenschirm sehen konnte; doch auch *weil* ich dies zu sehen und zu hören vermochte.

Ich nehme an, ich trainierte damals bereits die Begabung, die spezifische Veranlagung eines privilegierten Beobachters; und infolge der Art und Weise, wie ich dazu wurde, ergab es sich, daß ich mich zu einem liebevollen Menschentyp entwickelte.

Als ich dann Erzählungen zu schreiben begann, erwuchs daraus ein bewußter Akt: mir einen Abstand zu schaffen als

Vorbedingung dafür, daß ich menschliche Ereignisse verstehe; so beginne ich meine Arbeit. Genauso sah natürlich auch der erste Schritt aus, als ich in meiner ersten Anstellung als Journalistin unversehens Bilder mit einer Kamera schaffen mußte. Bildfeld, Proportion, Perspektive, Licht- und Schattenwerte – alles wird durch den Abstand des beobachtenden Blicks bestimmt.

Ich bin stets zurückhaltend gewesen. Dies hat mich gewöhnlich davor bewahrt, mich überstürzt auf Dinge, einschließlich menschlicher Beziehungen, einzulassen. Indem ich nicht mit dem Kopf durch die Wand ging, obwohl ich es vielleicht gewollt hatte, und gleichwohl Geschichten über Menschen zu schreiben begann, näherte ich mich langsam an; indem ich Dinge bemerkte und über sie rätselte, indem ich verstand, hoffte und schließlich meine Schlüsse nach meinem eigenen Herzen zog, wagte ich mich tatsächlich näher an den Punkt, zu dem ich wollte. Sowie die Zeit und meine Vorstellungskraft mich weiterführten, ließ ich mich hineinstürzen.

Von Anfang an forderte ich heftig danach, etwas zu lernen – nicht was oder wie oder warum oder wo wollte ich wissen und bat darum, daß ich es gesagt bekam, sondern wann. Wie bald?

> Pear tree by the garden gate,
> How much longer must I wait?

> (Birnbaum bei dem Tor im Garten
> Wieviel länger muß ich warten?)

Dieser Reim aus einem meiner Kinderbücher sprach für mich. Doch lebte ich keineswegs unglücklich in diesem Verlangen, denn meine Neugier war zum größten Teil Ungewißheit, die ihre eigene heimliche Freude enthält. Und so beugte sich bereits eine der Patinnen der Erzählliteratur über mich.

Als ich fünf war, kannte ich das Alphabet, ich war (gegen Pocken) geimpft worden, und ich konnte lesen. Also ging meine Mutter über die Straße zur Jefferson Davis Grammar School und fragte die Rektorin, ob sie mir erlauben würde, nach Weihnachten in die erste Klasse zu gehen.

»Oh, in Ordnung«, sagte Miss Duling. »Wahrscheinlich das beste, das Sie mit ihr tun können.«

Miss Duling, eine lebenslange Befürworterin von Perfektion, war eine Autoritätsgestalt, die hochkarätigste, die ich je kennengelernt habe. Sie war mit Leib und Seele Lehrerin und versagte sich alles, was sie vielleicht hätte tun können, oder ein anderes Leben (diese Möglichkeit war das letzte, was uns, ihren Schülerinnen, in den Sinn gekommen wäre). Ich glaube, sie kam aus einer wohlhabenden, gebildeten Familie in Kentucky, und alte Photographien zeigen ohne Zweifel, daß sie eine wunderschöne, temperamentvolle junge Dame war – und sie kam herunter nach Jackson in diese neue Schule, wo die Stelle als Rektorin noch zu haben war. Sie muß so gut wie nichts verdient haben; Mississippi stand damals wie heute ökonomisch an unterster Stelle innerhalb der Staaten, und unsere Legislative hat stets eine auffällige Zurückhaltung an den Tag gelegt, Geld für staatliche Erziehung auszugeben. Diese Herausforderung brachte sie her.

Auf die Dauer gesehen, kam sie als Lehrerin oder Rektorin mit drei Generationen von Jacksonianern in Kontakt. Meine Eltern nicht, jedoch die Eltern aller anderen waren bei ihr zur Schule gegangen. Die meisten unserer einflußreichen Mitbürger hat sie irgendwann im Laufe der Zeit unterrichtet. Wenn sie etwas durchsetzen wollte – ein Versäumnis der Stadt nachgeholt, ein Unrecht über Nacht behoben oder einen Baum erhalten, den die Dummköpfe von der Telephongesellschaft zu fällen dabei waren –, rief sie den Bürgermeister oder den Polizeichef oder den Präsidenten der Elektrogesellschaft oder den Chefarzt des Krankenhauses oder den mit dem Fall betrauten Richter oder wen auch immer an und sagte ihm, indem sie ihn beim Vornamen ansprach, ihre Meinung. Man kann sich unmöglich vorstellen, daß ihr etwas anderes als Willfährigkeit entgegengebracht wurde. Das Läuten der Messingglocke vom ersten Tag in der Davis-Schule klang allen noch in den Ohren. Sie schlug auch einen Wettstreit in Rechtschreibung zwischen Klasse IV der Davis-Schule und der gesetzgebenden Körperschaft von Mississippi vor, die auch mitmachte; und das war eine Lehre für die Mitglieder der Körperschaft.

Ihre Anforderungen waren sehr hoch und natürlich strikt, ihre Autorität war absolut. Warum sollte zu ihr nicht eine Messingglocke gehören, die in alle Richtungen einen Häuserblock weit zu hören war? Diese Glocke gehörte so zur Gestalt der Miss Duling, als wüchse sie unmittelbar aus ihrem rechten Arm heraus, so wie Flügel aus einem Engel wachsen oder ein Schwanz aus dem Teufel. Wenn wir ihre Schule in Reih und Glied betraten, lernten wir unter strengster Unterweisung, Beaufsichtigung und Ordnung Grammatik, Arithmetik, Rechtschreibung, Lesen, Schreiben und Geographie; und sie, nicht die Lehrer, stellte die Prüfungsaufgaben: Muß ich erwähnen, daß sie schwierig waren?

Sie ist nicht die einzige Lehrerin, die einen Einfluß auf mich ausübte; doch Miss Duling ist, in der einen oder anderen fiktionalen Gestalt oder Form, in einen größeren Teil meiner Arbeit eingegangen, als ich bis heute erkannt habe. Sie zeigt sich in der vielleicht übergroßen Zahl meiner Charaktere, die Lehrerinnen sind. Ich mochte diese Figuren sehr, während ich schrieb. Doch im Leben mochte ich Miss Duling nicht sonderlich. Ich fürchtete mich vor ihrer gekrümmten, knochigen Nase, ihren Augenbrauen, die in Halbkreisen über die schweren Lider ihrer strahlenden Augen hochgezogen waren, dem für Kentucky typischen »r« in ihrer Sprache und den langen Schritten, die sie in ihren hochgeschlossenen Schuhen machte. Am meisten fürchtete ich ihre niederdrückende Autorität und brachte diese nicht (wie wir das freilich hätten tun sollen) in Verbindung mit unserem eigenen Bedürfnis oder Verlangen zu lernen, vielleicht weil ich diesen Wunsch bereits verspürte und nicht dazu angehalten werden brauchte.

Für Lügen oder dumme Ausreden oder die unerträgliche Begründung, es nicht zu wissen, war sie unzugänglich. Sie duldete auch keine anderen Kinkerlitzchen in der Davis-Schule. Als ein neuer Gouverneur in die Villa einzog, schickte er seine Tochter auf die Davis-Schule; ihre Name war Lady Rachel Conner. Miss Duling rief umgehend den Gouverneur an und sagte ihm: »Sie wird hier schlicht Rachel sein.«

Miss Duling kleidete sich so schlicht wie ein Pilger auf dem Erntedankfestplakat, das wir im Unterricht anfertigten: Sie trug ein schwarzweißkariertes Gingankleid, einen leuchtenden dicken Wollpullover, der so rot wie ein Zugsignal war, und ihre schmalen, eleganten Füße steckten in hochgeschlossenen Schuhen mit Absätzen, die man rhythmisch wie eine Trommel bei einer Parade den Flur herunterkommen hören konnte. Ihr seidenes schwarzgelocktes Haar war glatt zurückgezogen, mit dicken Kämmen zusammengehalten und am Hinterkopf zusammengeflochten. Ihre Brille trug sie an einer Goldkette um den Hals. Ihr Blick war im allgemeinen umherschweifend, dann plötzlich im Augenblick der Konzentration auf einen gerichtet. Mit einem Schwung, der den gesamten rechten Arm und die Schulter erforderte, läutete sie die militante und unparteiische Glocke hoch oben auf der Vordertreppe der Davis-Schule, wenn es Zeit für uns war, uns in Reih und Glied aufzustellen, die Mädchen auf der einen, die Jungen auf der anderen Seite. Wir mußten an ihr vorbei ins Schulgebäude marschieren, während Schüler oder Schülerinnen aus der vierten Klasse, die sie abgefangen hatte, den Takt auf dem Klavier vorgaben, meistens zu einer Melodie, auf die wir hätten hüpfen können; doch wir hüpften nicht in die Davis-Schule hinein.

Kleine Pausen (Übungen im Freien) und die große Pause (Lunchpakete von zu Hause aufpacken und auf der Mädchenseite und Jungenseite des Hofes auf dem Gras essen) und der Schulschluß wurden gleichermaßen von Miss Dulings Glocke geregelt. Die Glocke diente auch dazu, uns mit einer Feuerübung zu überraschen.

Es waren die Prüfungen, die mich wie alle Zwangslagen um den Verstand brachten. Daß von einem erwartet wurde, die gestellten Aufgaben zu erfüllen, war lähmend. Ich verpatzte meine hundert Punkte bei der Rechtschreibprüfung, weil ich ein Wort falsch schrieb, und es war das Wort »Onkel«. Mutter, das wußte ich, würde die Sache persönlich nehmen. »Du konntest ›Onkel‹ nicht schreiben? Wo du doch fünf großartige Onkel in Westvirginia hast? Was würden sie dazu sagen?«

Meine Mutter wollte nie, daß ich meine Mitschüler übertreffen sollte; was sie wollte, war, daß meine Antworten stimmten. Ich hatte es mit ungetrübter Perfektion zu tun.

Mein Vater war viel toleranter gegenüber möglichen Fehlern. Er sagte mir, während er am Morgen der Prüfung meine Stifte schräg und tadellos anspitzte: »Denke nur daran: Prüfungen sind erfunden worden, damit der durchschnittliche Schüler sie besteht. Das ist die Mehrzahl. Und wenn die Mehrzahl zu bestehen vermag, denke daran, wieviel besser du abschneiden kannst.«

Ich verließ mich auf meine Mutter, die ihre eigene Meinung über die Mehrzahl hatte. Mein Vater wünschte diese mit Respekt zu behandeln, sie nicht. Ich war Linkshänderin; doch die Gewohnheit wurde gebrochen, als ich in die erste Klasse der Davis-Schule kam. Mein Vater hatte darauf bestanden. Er bemerkte, daß alles im Leben für die Annehmlichkeit von

Rechtshändern gemacht worden sei, denn die seien in der Mehrzahl, und er gebrauchte häufig »Was die Mehrzahl will« als Kriterium dafür, was zum besten war. Meine Mutter sagte, sie könne nicht versprechen, könne ihm überhaupt nicht versprechen, daß ich als Folge davon nicht stottern würde. Mutter war ebenfalls als Linkshänderin geboren worden; ihre Familie bestand aus fünf linkshändigen Brüdern, der linkshändigen Mutter und dem Vater, der gleichzeitig mit beiden Händen jeweils verschiedene Wörter zu schreiben imstande war, auch von hinten nach vorn und vorn nach hinten und verkehrt herum. Man hatte es ihr, als sie klein war, abgewöhnt, und sie sagte, sie habe damals gestottert.

»Aber du stotterst noch immer«, erinnerte ich sie, nur um sie stolz sagen zu hören: »Du hättest mich hören sollen, als ich so alt war wie du.«

Zu meiner Kinderzeit wurde allgemein sehr viel Wert darauf gelegt, gut in der Schule abzuschneiden. Beide Tageszeitungen in Jackson sahen die Ehrenlisten der Schülerinnen und Schüler, die mit Auszeichnung bestanden hatten, als Nachricht an und veröffentlichten sie samt der Noten. Die Stadtväter gaben den Kindern, die auf die Listen kamen, für eine gesamte Saison lang Freikarten für die Baseballspiele unten auf der Haupttribüne. Wir alle schenkten irgendeinem Spieler im Team der Jackson Senators unsere Aufmerksamkeit und verehrten ihn: Ich brachte meine 100 Punkte im Rechnen und Rechtschreiben, im Lesen und Schreiben, in Anwesenheit und gar im Betragen – ich muß ein Tugendbold gewesen sein! – Red McDermott, dem dritten Basenhüter, dar. Und unsere Glückseligkeit paßte gut zu unserem Wissen, daß Miss Duling ihre Sommerferien weit, weit weg in Kentucky verbrachte.

In jeder Schulwoche kamen Gastlehrer für spezielle Unterrichtsstunden. Montags flatterte die Gesangslehrerin frisch von draußen ins Klassenzimmer herein und sang mit ihrer hohen Sopranstimme: »Wie geht es euch?« zur Tonfolge »do-mi-sol-do«, und wir antworteten von unseren Plätzen aus im Chor: »Uns geht es gut« auf »do-sol-mi-do«. Miss Johnson lehrte uns Kanons – »Row Row Row your boat gently down the stream« – und »Little Sir Echo«, wobei eine Hälfte der Klasse die Worte sang und die andere das Echo lieferte – ein Wettstreit. Sie stammte aus dem Norden, und sie war es, die wollte, daß wir mit den Weihnachtsliedern aufhörten und uns den Schnee ansähen. Der Schnee, der an diesem Morgen vor den Fenstern fiel, war der erste, den die meisten von uns je gesehen hatten, und Miss Johnson zog rasch das Fenster hoch und hielt ihren schwarzen Umhang ausgebreitet nach draußen und fing Schneeflocken auf und lief so schnell, wie sie konnte, die Gänge auf und ab, um uns die echten Flocken zu zeigen, bevor sie schmolzen.

Donnerstags kam Miss Eyrich, und Miss Eyrich war der Donnerstag. Sie kam, um mit uns zu turnen. Sie trödelte nicht herum. Ohne Begrüßung wurden wir stracks nach draußen getrieben und ohne viel Federlesens in Mannschaften aufgeteilt (ohne wählen zu können), an den Start gestellt und angehalten, uns für den Staffellauf bereit zu machen. Miss Eyrich kommandierte mit umkippender Stimme: »Los!« Angst stieg in mir hoch. Mir wurde schwindlig. Jetzt war ich jeden Moment an der Reihe. (Halt, bin ich angeschlagen worden – war der Klaps der Anschlag? Lauf schon! Soll ich weiterlaufen ohne unser Paßwort? Welches Wort? Laufe ich zu schnell, um zu wenden? Nun bin ich fast am Ziel; doch wo ist die Hand, die darauf wartet, von mir angeschlagen zu werden? Bin ich zu spät? Habe ich den ganzen Lauf für unsere Seite verloren?) Ich verlor den Staffellauf für unsere Seite, noch ehe ich startete, weil ich mir voraus war, weil ich mich fürchtete zu starten, weil ich immer gleich meinte, ich sei zu spät dran, und vor Panik wie angewurzelt war und versuchte, mich auf ein Losungswort zu besinnen. An Donnerstagen kann ich noch immer Miss Eyrichs Stimme hören. »Auf die Plätze – Fertig – LOS!«

Die Zeichenlehrerin, die freitags die Klassen besuchte, schritt sehr beherrscht und sehr langsam im Gang auf und ab und blickte über unsere Schultern auf das, was wir gerade zeichneten. Sie war Miss Ascher. Da sie von hinten herankam, erreichte uns ihre tiefe, klangvolle Stimme nicht als Worte, sondern als eine Art Surren. Es war etwa der Laut, den unser Hausarzt von sich gab, wenn er das Thermometer ablas und feststellte, daß man leichtes Fieber hatte: »Hm-hm. Hm-hm.« Beide gleichermaßen ließen einen weiter gewähren.

Die Schultoiletten lagen in den für Jungen beziehungsweise Mädchen reservierten Kellergeschossen. Nachdem Miss Duling zum Schulschluß geläutet hatte, machten eine Freundin und ich in nebeneinander liegenden Toilettenzellen unsere Pläne für den Samstag. »Willst du und kannst du kommen und den Tag bei mir verbringen?« rief ich, und sie rief zurück: »Ich will können.«

»Wer – hat – das – gesagt?« Es klang wie »Fe Fi Fo Fam!«

Wir waren beide wie versteinert, denn wir wußten, von wem diese tiefen bedächtigen Wörter genau vor den Türen kamen. Das war die Stimme von Mrs. McWillie, die die andere Klasse IV am anderen Ende des Flurs unterrichtete. Sie war gar nicht unsere Lehrerin, jedoch eine sehr gewichtige, strenge Dame, die immer Trauer trug – gefältelte schwarze Hemdbluse mit hochgeschlossenem Netzkragen und Samtband und einen knöchellangen schwarzen Rock, dunkle Ringe unter den Augen und einen trauervollen, presbyterianischen

Gesichtsausdruck. Wir Kinder hielten sie für hundert Jahre alt. Wir sagten keinen Ton.

»Ihr könntet es mir ebensogut sagen«, fuhr Mrs. McWillie fort. »Ich werde mich hierhinpflanzen und warten, bis ihr herauskommt. Dann sehe ich ja, wer es war, den ich ›will können‹ habe sagen hören.«

Wenn Elizabeth nicht hinausginge, würde ich es natürlich auch nicht tun. Wir kannten sie als eine Lehrerin, die sich nicht scheute, den ganzen Nachmittag, vielleicht sogar noch den ganzen Samstag dort im Kellergeschoß zu stehen. So gaben wir auf und kamen heraus. Tugendhaft hoffte ich, Elizabeth würde aufklären, welches Kind es gewesen war – ich war es nicht.

»Ihr seid es also.« Sie sah uns als ein Paar an, traf keine Unterscheidung: Wer es nicht zugab, war in Gedanken schuldig. »Wenn ich euch hier unten noch einmal erwische, daß ihr ›will können‹ sagt, werde ich den Vorfall Miss Duling melden. Ihr werdet eine Woche lang jeden Tag nachsitzen! Ich hoffe, ihr schämt euch.« Will-Können zu sagen war schlimm, doch es im Kellergeschoß zu sagen ließ falsche Grammatik zur Sünde werden. Ich wußte, Presbyterianer glauben, man könne in die Hölle kommen.

Mrs. McWillies Drohungen verbesserten natürlich unsere Grammatik nicht. Meine Lateinlehrerin im ersten Jahr auf der High-School war es, der ich die Entdeckung verdanke, daß ich mich in die Grammatik verliebt hatte. Es bedurfte des Lateins, um mir ein *bona-fide-Bündnis* mit Wörtern in deren wahrer Bedeutung aufzuzwingen. Das Lateinlernen nährte (nachdem ich Cäsar hinter mich gebracht hatte) meine Liebe für Wörter und nochmals Wörter, Wörter in ihrer Abfolge und Veränderung und das wunderbare, nüchterne Anwachsen eines Satzes. Ich konnte den fertigen Satz schließlich dastehen sehen – genauso wirklich, intakt und erbaut für die Ewigkeit wie das Mississippi Staatscapitol am Anfang meiner Straße, das ich auf meinem Schulweg durchqueren konnte und wo ich das Echo des Marmorfußbodens unter mir und über mir die Glocke seiner Rotunde hören konnte.

An regnerischen Wintertagen wurden die Klassenzimmer so finster, daß manchmal die Ziffern an der Tafel nicht zu erkennen waren. Dann ließ Mrs. McWillie, jene strenge Lehrerin der vierten Klasse, ihre Kinder die Bücher schließen, und sie bewegte sich, tief in ihrer Trauerkleidung wie die Dunkelheit selbst, zum Fenster hin, und im spärlichen Licht las sie dann laut *Der König des Goldflusses* vor. Doch ich war ausgeschlossen – in der anderen Klasse IV auf der gegenüberliegenden Seite des Flurs. Meine Lehrerin, Miss Louella Varnado, tat es Mrs. McWillie nicht gleich; wir buchstabierten um die Wette: Buchstabieren konnte man im Dunkeln. Damals kam mir nicht in den Sinn, daß es für mich einen anderen Weg gab, die Geschichte vom König des Goldflusses zu erfahren, als jener, von Anfang an Mrs. McWillies duckmäuserischer Klasse IV zugeteilt worden zu sein und dann so lang zu warten, bis sie einem an einem Regentag ihrer Wahl damit eine Freude machte. Erst heute geht mir auf, wie sehr die Freude auch davon abhing, daß nicht genug Geld vorhanden war, um elektrisches Licht in der Davis-Schule zu installieren. John Ruskin mußte mit freundlicher Genehmigung der Dunkelheit hereinkommen. Als ich mit der Zeit die Geschichte in einem Buch fand und mir diese selbst vorlas, wurde sie nicht meiner Sehnsucht nach einer Geschichte mit diesem Titel gerecht; und in der Tat, wie hätte sie es auch?

Die Carnegie-Bücherei von Jackson war in derselben Straße wie unser Haus, hinter dem Staatscapitol. Der Weg zur Bibliothek führte »durchs Capitol«. Man konnte auf dem Fahrrad hindurchgleiten oder sogar auf Rollschuhen hindurchfahren, jedoch ohne Erlaubnis der Eltern.

Ich habe niemand gekannt, der in Jackson aufgewachsen war und sich vor Mrs. Calloway, der Bibliothekarin, nicht fürchtete. Sie führte die Bibliothek völlig allein vom Tisch aus, an dem sie mit dem Rücken zu den Büchern und dem Gesicht zur Treppe saß, ihren Drachenblick auf die Eingangstür gerichtet, durch die Gott weiß wer hereinkommen könnte. RUHE stand in großen schwarzen Lettern auf Schildern, die überall angebracht waren. Sie selbst sprach mit ihrer gewöhnlich gebieterischen Stimme; jedes Wort war beim stetigen, brodelnden Geräusch, das vom elektrischen Ventilator kam, in der gesamten Bibliothek zu vernehmen; es war der einzige Ventilator in der Bibliothek; er stand auf ihrem Tisch und zielte direkt auf ihr zugespitztes Gesicht.

Wenn du als Mädchen vom hellen Draußen hereinkamst, warf Mrs. Calloway einen scharfen Blick die Treppe hinab, um dich zu mustern; falls sie durch dein Kleid sehen konnte, schickte sie dich schnurstracks nach Hause: Du könntest vielleicht einen anderen Unterrock anziehen, wenn du ein Buch aus der Bibliothek so nötig brauchst. Ich tat es; ich hätte alles fürs Lesen getan.

Meine Mutter fürchtete sich nicht vor Mrs. Calloway. Sie wollte, daß ich eine eigene Leihkarte hatte, damit ich selbst Bücher ausleihen konnte. Sie nahm mich mit und stellte mich vor, und ich sah, das ich einer Hexe begegnet war. »Eudora ist neun und hat meine Erlaubnis, jedes Buch, ob für Kinder oder Erwachsene, zu lesen, das sie lesen will«, sagte Mutter. »Ausgenommen *Elsie Dinsmore*«, fügte sie hinzu. Später erläuterte sie mir, daß sie diese Einschränkung getroffen hätte, weil Elsie, die Heldin, ohnmächtig geworden und vom Klavierschemel gefallen sei, weil ihr Vater sie gezwungen habe, zu lang und intensiv am Klavier zu üben. »Du bist zu sensibel, Liebes«, sagte sie mir. »Du würdest das lesen, und schon würdest du vom Klavierschemel fallen.« »Sensibel« war ein neuer Ausdruck. Ich habe ihn seither nie vernommen, ohne daß sich das

Bild von jemandem einstellt, der gerade vom Klavierschemel fällt.

Mrs. Calloway hatte ihre eigenen Regeln. Ein Buch durfte nicht am selben Tage, an dem man es ausgeliehen hatte, zurückgebracht werden; es machte für sie keinen Unterschied, daß man jedes Wort darin gelesen hatte und ein neues Buch benötigte. Zwei Bücher und nur zwei durften auf einmal ausgeliehen werden; das traf so lange zu, wie man ein Kind war und auch für den Rest des Lebens, traf für meine Mutter genauso streng zu wie für mich. So las ich Bücher aus der Bibliothek, immer in Paaren, so schnell ich konnte, indem ich sie eilig im Fahrradkorb nach Hause brachte. Kaum war ich zu Hause, begann ich auch schon zu lesen. Jedes Buch, das mir in die Finger kam – von *Bunny Brown and His Sister Sue at Camp Rest-a-While* bis *20 000 Meilen unter dem Meer* –, bedeutete, daß der verzehrende Wunsch zu lesen umgehend erfüllt wurde. Ich wußte, das war Glück, wußte es damals. Geschmack ist nicht annähernd so wichtig; er entwickelt sich mit der Zeit. Ich wollte *sofort* lesen. Die einzige Furcht war, daß Bücher zu Ende gingen. Meine Mutter teilte mit mir das Gefühl der Unersättlichkeit. Heute erinnere ich mich an sie als lesend, während sie andere Dinge tat. Vor meinem geistigen Auge liegt *Vom Ursprung der Arten* auf dem Regal im Anrichteraum unter leichtem Mehlstaub – meine Mutter buk selbst Brot; sie nahm das Buch, setzte sich ans Küchenfenster und fand die Stelle, während sie ein Auge auf den Herd gerichtet hatte. Ich erinnere mich, wie sie nach *Der Mann in Nummer Zehn* griff, während meine Haare soweit trockneten, daß die unzähligen Kinderlockenwickler entfernt werden konnten, die mich meinem Idol, Mary Pickford, ähnlich machen sollten. Ich erinnere mich, daß meine Mutter eine Generation später, als mein Bruder Walter bei der Marine war, die neueste Ausgabe des *Time*-Magazins las, während sie mit den Kindern »Rotkäppchen« spielte und die Rolle des Wolfs übernahm. Sie schaute nur zum richtigen Zeitpunkt lang genug auf, um zu antworten: »Um dich besser fressen zu können, meine Liebe«, und dann nahm sie den Faden der Kriegsnachrichten wieder auf.

Unsere Eltern waren in religiösen Familien groß geworden. Wir Kinder wurden als Babys getauft, lernten unsere Nachtgebete und wurden, als wir größer waren, in die Sonntagsschule geschickt; doch wir waren keine Familie von Kirchgängern. Wir beteten nicht wie Opa Welty vor den Mahlzeiten. Darin unterschieden wir uns ziemlich von den meisten uns bekannten Familien. Presbyterianer durften sonntags keine warmen Speisen zu sich nehmen oder Witzseiten lesen oder auch nur ganz kurze Fahrten unternehmen; Eltern glaubten an die Hölle und glaubten, kleine Babys könnten dorthin kommen. Baptisten sollten bis zu ihrem Todestag nicht lernen, wie man Karten spielt oder tanzt. Und so fort. Wir gingen zur Methodist Episcopal Church South Sunday School, und natürlich fanden wir nie etwas Merkwürdiges an Methodisten.

Doch wir wuchsen in einer christlichen Umgebung auf. Sogar in der High-School waren die Schüler gewohnt, den Namensaufruf der Geschichtslehrerin mit einem perfekt auswendig gelernten Bibelvers zu beantworten. (»Steh auf und wandle« galt nicht.)

In der Grundstufe der Sonntagsschule erhoben wir kleinen Mädchen uns in unseren Taftröcken und mit heißen weißen Handschuhen und einem Fünfcentstück für die Kollekte in der Faust, und während die Gummibänder unserer Madge-Evans-Hüte uns ins Kinn einschnitten, sangen wir, von Miss Hattie geleitet und ermahnt, Lieder. Diese kleine Dame war ein Wunder an Lebhaftigkeit, sie hatte sich ebenfalls feingemacht und stand neben dem Klavier und machte heftige, schneidende Bewegungen mit beiden Armen zugleich, in einer

Hand ein Stuhlbein aus unserer Sonntagsschule, mit dem sie den Takt schlug, und egal wie laut wir sangen, immer hörten wir sie lauter: »Bring them in! Bring them in! Bring them in from the fields of sin! Bring the Little ones to Jesus!« Diese berühmten methodistischen Lobgesänge klangen alle glücklich und zufrieden mit der Welt, obschon die Welt einen genau gegenteiligen Kurs nahm. »Throw out the lifeline! Throw out the lifeline! Someone is sinking today!«, so ging ein jubelndes Lied. »I was sinking deep in sin, Far from the peaceful shore, Very deeply stained within, Sinking to raise no more«, ließ einen tanzen wollen, und der Refrain – »Love lifted me! Love lifted me! When nothing else would help, Love lifted me!« – ließ einen umherhüpfen. Die Lobgesänge setzten unsere Füße genauso in Bewegung wie der Marsch, der für uns gespielt wurde, wenn wir die Davis-Schule betraten – »Dorothy, an Old English Dance« war sein Titel, und natürlich entstammten viele der protestantischen Loblieder demselben Land; es *waren* alte englische Rundtänze und Tanzlieder, und Charles Wesley und die übrigen hatten sie – was kein Wunder ist – nach hierher mitgebracht.

Damals wurde Jackson von Evangelisten aufgesucht; zusammen mit den Redpath Chautauqua und politischen Reden schienen sie zum August zu gehören. Gypsy Smith erfreute sich großer Beliebtheit im Ort. Er war ein Evangelist, doch der Begriff meinte nicht das, was er heute meint. Gypsy Smith hatte kein Team, keine Organisation, war nicht auf das große Geschäft aus, besaß keine Mikrophone, Verstärker und Lautsprecher; er war kein Showmann. Billy Sunday, wenig später, der mit der ausgreifenden Gestik eines Baseballspielers predigte, warf, wenn er in Fahrt geriet, seine Jacke von sich, und in Hemdsärmeln und roten Hosenträgern geriet er in Schwung und schmetterte seine Pointen ins Publikum.

Gypsy Smith war ein echter Zigeuner; darin mag ein Teil seiner Anziehungkraft gelegen haben, obwohl er auch mit Aufrichtigkeit sprach. Er war so beredt, daß er, während Abend für Abend verging, »jeden in Jackson« errettete, all die bekannten Geschäftsleute in der Capitol Street errettete. Sie mögen sehr wohl alle bereits Kirchgänger gewesen sein, doch sie waren niemals von Gypsy Smith errettet worden. Während vereinigte Kirchenchöre aus Jackson »Softly and Tenderly Jesus Is Calling« und »Just As I Am« sangen, rief Gypsy Smith, und die Errettung – aufstehen und nach vorn gehen – fegte wie eine Epidemie über Jackson hinweg. Am spektakulärsten aber war, daß der aufwieglerische Herausgeber der Abendzeitung sich eines Abends von seinem Sitz erhob und nach vorn ging. Das machte ihn dauerhaft rechtschaffen, so daß er genau wußte, was in der *Jackson Daily News* zu schreiben war, als ein Mitbürger aus Mississippi die ausgemachte Frechheit besaß, ein Buch wie *Die Freistatt* zu veröffentlichen und zu erwarten, daß andere Mississippianer es lasen.

Gypsy Smith kann ein Methodist gewesen sein; ich weiß es nicht. Wie dem auch sei, von unserer Sonntagsschulklasse wurde erwartet, daß sie anwesend war; doch ich ging nicht nach vorn, um errettet zu werden. Obwohl ich mein ganzes Leben lang leicht von jemandem auf einer Bühne zu beeindrucken war, hätte ich niemals vor der Menge in dem City Auditorium meine Hand hochhalten und »nach vorn kommen« können, während der Chor sich in die Brust warf und »Come home! Come home! All God's Children, Come home, Come home!« sang. Und ich verspürte auch nie so etwas wie das weltliche Verlagen, das ich als kleines Kind verspürte habe, nämlich im Century-Theater auf die Bühne zu gehen, als der Zauberer erstaunlicherweise für die Durchführung seines nächsten Zauberkunststücks die Hilfe eines Kindes aus dem Zuschauerraum verlangte.

Ebensowenig gehörte mein Vater zu den Geschäftsleuten,

die errettet wurden. So als machte die ganze Stadt nur eine launisch-meteorologische Störung durch, blieb er ruhig und zu Hause in der Congress Street.

Meine Mutter ebenso. Sie liebte es, ihre Bibel in ihrem eigenen Schaukelstuhl zu lesen und dabei zu schaukeln. Sie hielt sich selbst für eine angehende Schriftgelehrte. »Lauf und hol mir meine Konkordanz«, pflegte sie zu sagen und meinte damit ein kleines Buch, das in dünnem Leder eingebunden war und auseinanderfiel. Sie verbesserte sich selbst gern. Von Zeit zu Zeit zuckten dann ihre Lippen über den ernsten und strengen Büchern der Bibel, zum Beispiel den Römerbriefen, die ihr Erinnerungen an ihren Großvater Carden vermittelten, der damals, als sie in Westvirginia aufwuchs, Baptistenprediger gewesen war. Sie versuchte auch gern, Großvater im nachhinein zu korrigieren.

Ich erkannte keineswegs schmerzhaft, daß die Ehrfurcht, die ich für die Heiligkeit des Lebens empfand, sehr wahrscheinlich nicht in einer bestimmten Religion zu Hause ist. Später, als ich Reisen unternehmen konnte, schien, soweit mein Blick dies zu sehen imstande war, die Gegenwart von Heiligkeit und Geheimnis sich hinabzusenken in die Fenster von Chartes, die steinernen Bauernfiguren der Kapitelle von Autun, die hohen Goldflächen an den Wänden von Torcello, die das Licht der See reflektierten; in die Fresken von Piero, von Giotto; ins Mauerwerk einer Kirchenwand in Irland, die noch immer auf einem von Schafen abgefressenem Grasboden stand und keine andere Decke besaß als den sich wandelnden Himmel.

Ich bin dankbar, daß ich durch das Beispiel meiner Mutter die Grundlage für diese Anbetung gefunden hatte – daß ich eine Vorliebe dafür gefunden hatte, mich hinzusetzen und allein die Bibel zu lesen und Dinge in ihr nachzuschlagen.

Wie viele von uns, aus meiner Generation von angehenden Südstaatenschriftstellern, waren auf die eine oder andere

Weise, wenn nicht gar gleichermaßen, damit gesegnet, daß uns nicht die Bibelversion von King James vorenthalten wurde. Ihr Klang drang für immer in unsere Ohren und unsere Erinnerung. Der Beweis oder der Schatten davon ist in all unseren Büchern zurückgeblieben.

»Am Anfang war das Wort.«

Nach der Sonntagsschule geschah es manchmal, daß Papa uns mitnahm, um sein Büro zu besuchen. Die Lamar Life Gesellschaft war damals in einem kleinen einstöckigen griechischen Tempel mit vier Säulen neben dem Pythian Castle untergebracht – einem Gebäude mit Zinnen und einem hohen Dach, das so ausschaute, als würde sich gleich Douglas Fairbanks aus dem obersten Fenster an einem Seil herausschwingen. Sonntags war sonst niemand in Papas Gebäude, und das Wasser im Kühlbehälter wirkte ebenso tot – warm und abgestanden. Um sein Büro herum war ein niedriger Mahagonizaun mit einer kleinen Tür, durch die man hineintreten konnte, und er ließ uns an seiner Tür schwingen und auf der ledernen Chaiselongue herumhüpfen, während er seine Post durchsah. Er setzte mir die Kopfhörer auf und ließ mich herausfinden, was ich auf seinem Diktaphon hören konnte. (Ich glaube, er hatte das erste in Jackson.) Ich hörte seine Stimme zu Miss Montgomery sprechen; sie war seine Sekretärin, die stets ihr Haar über den Ohren zu einem modischen Wulst aufgesteckt trug, und ich hatte sie an ihrer Schreibmaschine sitzen sehen, während sie diesen Kopfhörer über ihrer kunstvollen Haarrolle trug.

Er erlaubte uns allen, nacheinander auf der Schreibmaschine herumzuhacken. Wir benutzten das Schreibpapier der Lamar Life, das am Kopf ein ovales Porträt von Lucius Quintus Cincinnatus Lamar trug, nach dem die Gesellschaft benannt worden war: ein Mississippianer, Kongreßmitglied, Minister fürs Innere unter Cleveland und Richter des U.S. Supreme Court, ein mitreißender Redner, der nach dem Bürgerkrieg auf die Aussöhnung zwischen Norden und Süden gedrängt hatte. Unter sein bärtiges Porträt schrieben wir Briefe an Mama.

Sie verwahrte einen von Walters Briefen. Es gab nicht viel, das er schreiben konnte; doch der Brief sagte, um ihr beim Raten zu helfen, wer ihn geschrieben hatte: Liebe Mrs. C. W Welty. Ich glaube, Sie kennen mich. Ich glaube, Sie mögen mich.«

Ich glaube, solange ich Einzelkind blieb, hatte ich nicht viel Sinn für Humor. Als mein Bruder Edward kam, nachdem ich drei war, wurden wir beide zu Komikern und brachten uns gegenseitig zum Lachen. Wir brachten uns gegenseitig zum Lachen – wie wir es auch in bezug aufs Leben taten – von der Minute an, da er sprechen konnte. Ein Gefühl fürs Absurde vermittelten wir uns möglicherweise schon früher.

Obwohl er es haßte, mich allein lesen zu sehen, akzeptierte er so lang, daß ich ihm vorlas, wie es ihn zum Lachen brachte. Wir lasen immer wieder dasselbe, Kapitel aus *Alice im Wunderland*, Passagen aus *Tom Sawyer*, Edward Lears *Phantastische Reise*. Wann immer wir zu dem Namen der vier kleinen Kinder kamen, riefen wir sie gemeinsam aus – »Violet, Slingsby, Guy und Lionel!« Und brachten uns fast um. Wir machten damit beim Essen weiter und schrien uns gegenseitig Unfug zu. Meine Mutter warnte uns dann immer, wenn wir uns wie Narren beträgen, würden wir gleich den Tisch verlassen müssen. Sie schimpfte keinen von uns einen Narren und erlaubte auch nicht, daß wir es taten. »Wer seinen Nächsten einen Narren heißt«, unterbrach sie uns, »den hat die Hölle beim Wickel.« Ich glaube, sie hat nie im Leben jemand einen Narren genannt, obschon sie Narren nicht leicht ertragen konnte; doch sie sagte meist: »Also, Mrs. Soundso scheint mir ein bißchen *beschränkt* zu sein.«

Walter, wiederum drei Jahre jünger als Edward, war nüchterner als wir. In seinem langen Babykleid sah er aus wie ein Richter. Ich schnappte mir seine Babybadewanne, stellte mich dahinter und tanzte für ihn, um ihn richtig krähen zu hören. Auf den rosafarbenen Boden der Badewanne hatte ich mit Kreide ein Gesicht gemalt, und alles, was er von einem Menschen sehen konnte, waren meine Beine, wie sie darunter hervortanzten. Walter trug einen kleinen Kimono, als er nach einer Azidose wieder auf war, und Edward, der ihn auf eine andere Art verehrte, versuchte, ihm zu zeigen, wie er mit ausgebreiteten Armen von Papas Stuhl herunterfliegen konnte; später weinte er mit ihm auf dem Fußboden. Walter wurde von uns dreien im Ausdruck der ernsteste und blieb der ruhigste – er war derjenige, der unserem Vater am nächsten kam.

Wenn einer von uns die Masern oder Keuchhusten hatte und wir im Bett im oberen Stockwerk isoliert waren, schrieben wir uns vielleicht jede Stunde Briefchen. Unsere ergebene Mutter beförderte sie für uns, nachdem sie sie, um die Bazillen zu töten, in einen heißen Ofen gesteckt hatte. Sie gelangten gewellt und warm, mitunter wie Toast verbrannt, in unsere Hände. Edward antwortete auf meine lustigen Briefchen mit seinen lustigen Zeichnungen. Er war der geborene Karikaturist.

Während der Grippe-Epidemie, als Edward mit hohem Fieber in dem einen und ich mit hohem Fieber in dem anderen Zimmer lag, feuerte ich ihm ein Versehen ab über den kleinen Jungen unten in der Straße, der mit derselben Sache zu Bett lag: »Es war ein kleiner Junge, und er hieß Lindsey. Er kam in den Himmel mit Influenzie.« Meine Mutter sagte mir entsetzt, ich solle mich schämen, und weigerte sich, das Versehen zu übermitteln. So merkte ich, daß wir alle ziemlich krank waren; doch ein wirklicher Schreck, als ich herausfand, was die von mir achtlos geschriebenen Worte wirklich ausgesagt haben, mußte später kommen, wie es auch geschah. Doch Edward und ich und Lindsey genasen alle wieder, und auch meine Mutter, die am schlimmsten dran gewesen war.

Alle Kinder hatten in jenen kleinstädtischen, geruhsamen Tagen ein ausgedehntes geheimes Leben, das sich in den Kinos abspielte. Ganze Familien gingen zumindest einmal wöchentlich zusammen ins Kino, und Kinder durften an den langen Sommernachmittagen ohne Aufsichtsperson gehen – Schulkameradinnen mit ihren besten Freundinnen, paarweise kleine Mädchen, die den kurzen Weg in die Stadt durch den Park unter ihren japanischen Sonnenschirmen tippelten.

In Ergebenheit gegenüber Buster Keaton, Charlie Chaplin, Ben Blue und den Keystone Kops brachen mein Bruder Edward und ich vor Lachen zusammen. Mein Gespür für komische Situationen erhielt zweifelsohne seinen ersten Funken von dem lustigen pantomimischen Spiel des Stummfilms und davon, eine verwandte Seele zu haben, mit der ich zusammen lachen konnte.

Die Stummfilme waren auch eine Quelle von Wörtern, die man niemals irgendwo anders hätte erlernen können. Man las sie in den Untertiteln. »Jeopardy« (Gefahr) zum Beispiel lernte ich von *Drums of Jeopardy* mit Alice Brady, die ein *Leoparden*fell trug; diesen Gleichklang habe ich nie vergessen. *Das Kabinett des Dr. Caligari* erschien durch einen merkwürdigen Dusel anstelle des Samstagswestern auf der Leinwand des Istrione-Theaters (von uns verballhornt als »Eye strain«, »Augenanstrengung«), wo der Film von einer gänzlich aus Kindern bestehenden Zuschauerschaft gesehen wurde. Ich lernte »Somnambule« voller Schrecken; es ist ein Wort, das ich bis heute weder höre noch sehe, ohne sofort Conrad Veidt in schwarzem Trikot und mit Pagenfrisur vor mir zu sehen, wie er nachts mit geschlossenen Augen eine hohe schräge Mauer entlangschleicht, wobei einer seiner Arme nach oben gereckt ist und gleichsam mit den Fingern sieht. Doch natürlich hatten wir zusammen im Kino alle vor Lachen gebrüllt, lachend über das, was uns erschreckte, geradeso als wäre es lustig und genau, wie es erwachsene Zuschauer heute tun.

Ereignisse, die bedeutungsmäßig nicht ganz klar waren, Dinge, von denen wir Kinder abgeschirmt wurden, schienen ihre eigenen Wege, ihre eigenen Straßen in der Stadt zu haben, und man konnte sie näher kommen hören, doch dann kamen sie nie, wie der Leierkastenmann mit seinem Affen – man würde ihn ganz bestimmt sehen, doch dann bewegte sich die Musik die andere Straße hinab, und der Affe konnte einen nicht finden, obschon man mit seinem Penny wartete.

In den Tagen der Davis-Schule wohnte ein kleiner Junge zwei oder drei Straßen von der unseren entfernt, der zu Hause krank im Bett lag, und als der Zirkus in dem Jahr in die Stadt kam, sorgte jemand dafür, daß der Umzug eine andere Straße als gewöhnlich zum Kirmesplatz nahm und an seinem Fenster vorbeikam. Er wurde zum Fenster getragen, damit er beobachten konnte, wie der Zirkus vorbeizog. Die schwerfälligen Elefanten, die Federbüsche, die Pailletten, die Akrobaten, die Clowns, die Löwen im Käfig, das musizierende Orchester, die Dampforgel – alles nur für ihn! Als er nicht lang danach für immer unserem Blick entschwand, nachdem er an dem gestorben war, was ihm zu diesem besonderen Privileg verholfen hatte, war nichts davon für uns andere Kinder annehmbar. Man hatte ihn hereingelegt, nicht geehrt mit der dreisten Parade, die seine Straße hinaufmarschierte, und dem Orchester, das spielte, und wir waren auf gewisse Weise auch hereingelegt worden, weil wir auf ihn neidisch gewesen waren – dazu verführt wurden.

Nicht von ungefähr haftet einem Umzug häufig ein ungutes

Gefühl an. Dies erfuhr ich hier. »Der Rattenfänger von Hameln« hatte mehr getan, als nur darauf hinzuweisen. In Filmen und Geschichten sehen wir, wie sich spektakuläre Ereignisse auf der Straße formieren und Umzüge um die Straßenecke kommen, und wir wissen sie mit Mißtrauen und dunkler Befürchtung zu begrüßen: Ihr Zweck muß noch enthüllt werden. (Man denke daran, wie es in »My Kinsman, Major Molineux« war.)

Ich konnte dem nie widerstehen, wenn in fast jeder meiner Erzählungen eine Parade oder ein Umzug, ob improvisiert oder zeremoniös, komisch oder spöttisch oder trübselig, sich ergeben hat, dies als Einschnitt in der sich entfaltenden Geschichte zu markieren. Sie haben sich vor langem in Bewegung gesetzt.

Wir hatten alle so ziemlich den gleichen Sinn für Humor. Nur in der Weise, wie wir die Beherrschung verloren, unterschieden wir uns. Unsere Temperamentsausbrüche waren stark und nachhaltig. Wenn wir Kinder uns stritten, brüllte mein Bruder Edward, der in der scheußlichen Position war, entweder ein Mädchen oder ein Baby schlagen zu müssen, vor Entrüstung am lautesten und begann zu beißen. Walter, in seiner kindlichen Wut wie in allem anderen einfallsreich und praktisch, wurde einmal von Edward, der es satt hatte, daß ihm immer jemand nachlief, im Kellergeschoß eingesperrt; doch unser kleiner Bruder fand die Axt und war bereits gut dabei, ein Loch für sich unten in die Tür zu schlagen, bevor Rettung kam.

Ich schlug andere nicht oder schlug nicht überlegt, ich schlug einfach zu. Irgendein Gegenstand konnte schuld sein. In einem Fall war es eine Sumpfeiche im Park, in deren Krone ich geklettert war und nun nicht mehr hinunterkonnte. Also schrie ich und stieß mit dem Kopf, dem einzigen freien Körperteil, auf den Baum ein und tat alles, um Aufsehen zu erregen, während meine Familie sich unten lustig machte und mir klarzumachen versuchte, daß mich niemand außer mir selbst herunterbringen könnte. Mein Zorn war gegen mich gerichtet, immer alles Eitelkeit. Als junges Mädchen knallte ich Schubladen zu und packte unentwegt Koffer. Ich war für Szenen verantwortlich.

Kontrolle erreichten wir nur unvollkommen: Wir erreichten sie zu unterschiedlichen Zeitpunkten im Leben, frustriert, von verschiedenen Dingen zur Entrüstung getrieben – einige, aus denen wir herausgewachsen sind, aus anderen nicht.

»Ich verstehe nicht, woher ihr Kinder das habt«, sagte meine Mutter. »Ich verliere nie die Beherrschung. Ich bin nur gekränkt.« (Genau das war es.)

Einmal und nur ein einziges Mal sagte sie uns mit einer Stimme, die ein Thema eröffnet, um es gleich zu beenden: »Ich glaube, euer Vater war früher auch unbeherrscht. Doch er lernte vor langer Zeit, sich in den Griff zu bekommen.«

Wir versuchten, uns unseren Vater vorzustellen, wie er unsere Axt schwang. Wir konnten es nicht, nicht einmal unser heißgeliebter Walter, der es getan hatte.

Von allen meinen starken Gefühlen ist Zorn am wenigsten verantwortlich für irgendeine meiner Arbeiten. Ich schreibe nie aus Zorn. Denn zum einen bin ich als Autorin schlichtweg ohne Widersacher – außer freilich der Zeit –, und zum anderen bringt mir das Schreiben selbst Zufriedenheit.

Es gab eine Geschichte, die ganz sicher von Zorn entfacht wurde. In den sechziger Jahren wurde in meiner Heimatstadt Jackson der Führer der Bürgerrechtsbewegung, Medgar Evans, eines Nachts in der Dunkelheit ermordet, und ich schrieb in derselben Nacht eine Erzählung über den Mörder (damals noch unbekannt) mit dem Titel »Woher kommt die Stimme?«. Was mich in Anspruch nahm, obwohl alles mit Entrüstung begonnen hatte, war die von mir empfundene

Notwendigkeit, mich in die Denkweise und Rolle eines Charakters zu versetzen, der für mich kaum fremder oder abstoßender hätte sein können. Ich versuchte das äußerste und schrieb in der Ich-Form. Ich prahlte ganz mit dem Vorrecht der Erzählerin. Es ist natürlich immer Prahlerei, sich vorzustellen, in einer anderen Person zu sein, doch es ist das, was ein Schriftsteller in jedem seiner Werke tut, es ist sein erster und auch sein letzter Schritt, so nehme ich an. Ich bin nicht sicher, ob diese Erzählung mit Erfolg zustande kam, und ich glaube nicht, daß mein Zorn mir irgend etwas über das Wesen des Menschen zeigte, das mein Mitgefühl oder meine Beziehung zu Menschen mir nicht gezeigt hätten.

Während wir noch aufwuchsen, konnte meine Mutter es nicht lassen, sich zwischen ihre Kinder und das zu drängen, was die sich für ihr späteres Leben in den Kopf gesetzt hatten. Denn sie würde es ihnen geben, wenn es gut für sie war – dessen mußte sie sich sicher sein –, gleich was es sie selbst kostete: Kühnheit war ihre Charakterstärke. Sie war stets darauf vorbereitet, an unserer Statt die Welt herauszufordern. Sie neigte tatsächlich dazu, die Welt gefahrvoll aussehen zu lassen, und so war es auch für sie gewesen. Manchmal mußte ein Weg um ihre Liebe herum gefunden werden, ohne diese herauszufordern; sie mußte zugleich in ihrer unbezwingbaren Stärke liebevoll gehegt werden. Jeder von uns Kindern löste früher oder später zumindest teilweise das Problem auf unterschiedliche, respektvolle, komplizierte Weise.

Doch ich glaube, sie war erleichtert, als ich beschloß, Schriftstellerin zu werden; denn sie hielt das Schreiben für sicher.

Eudora mit Vaters Uhr,
um 1910

Auf der Congress
Street spielend,
im Hintergrund
die Davis-Schule

Mit meinem Vater, Christian Welty

Chestina Andrews Welty

Eudora und Edward, um 1913

Eudora, Edward, Mutter, Walter, um 1917

Chestina Andrews und Christian Welty als Verlobte in
Westvirginia, um 1903

*Die Mutter meiner
Mutter, Eudora Car-
den Andrews*

*Photographie einer
von Edward Rabo-
teau Andrews in
Westvirginia ge-
machten Ferrotypie,
um 1882.*

*Edward Raboteau Andrews,
der Vater meiner Mutter*

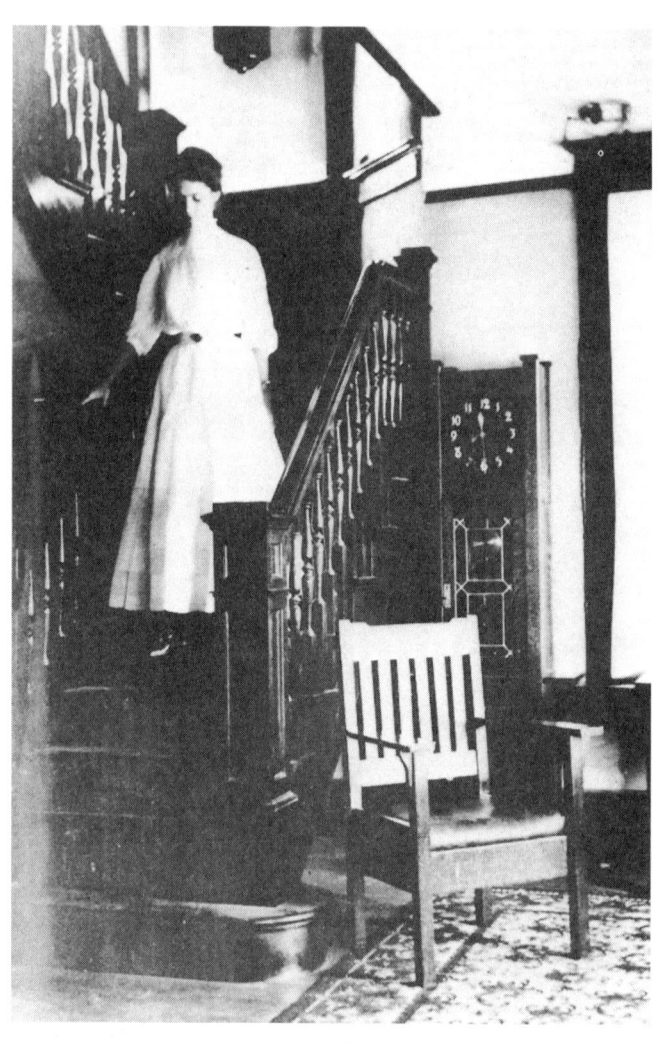

Meine Mutter, die Treppe in North Congress Street 741, Jackson, hinuntergehend. (Mein Vater machte alle diese Aufnahmen)

Meine Großmutter, Eudora Carden Andrews, im Sessel sitzend, mit fünf ihrer sechs Kinder: meine Mutter und, von links nach rechts, John, Moses, Carl und Edward Columbus (Bus). Bei ihrem auf einem Berg nahe Clay, Westvirginia, gelegenen Haus

Bei unserem Sommerausflug. Eine Straße durch das Mississippidelta, um 1917

*Beim Überqueren des Kentucky (?), Autofahrt der Familie
nach Westvirginia und Ohio im Oakland Automobil*

*Großvater Jefferson Welty auf der Farm in der Nähe von
Logau, Ohio, mit Edward, Walter, Eudora, um 1917*

Eudora, 1936, zum Zeitpunkt der Veröffentlichung ihrer ersten Erzählung »Der Tod eines Handlungsreisenden«

Eudora, 1941, als ihr erstes Buch, Ein Vorhang aus Grün, *veröffentlicht wurde, im Hinterhof in der Pinehurst Street.*

II Sehen lernen

Wenn wir uns im fünfsitzigen Oakland-Tourenwagen zu unserem Sommerausflug nach Ohio und Westvirginia aufmachten, um unsere beiden Familien zu besuchen, war meine Mutter der Navigator. Einsatzbereit saß sie die ganze Strecke über an Papas Seite, während dieser fuhr, und verglich das AAA Blue Book mit dem Tachometer, häufig mit dem Baby auf dem Schoß. Sie rief beispielsweise: »Also, Papa: bei 86-Komma-2, Kreuzung. Rechts halten, an weißer Kirche vorbei. Ende der Schotterstraße. – Und dort ist die Kirche!« sagte sie dann, als hätten wir's geschafft. Die Straße wurde unweigerlich ihr Widersacher. »Das wundert mich gar nicht«, sagte sie, während Papa eine, zwei Meilen auf einer Straße, die einfach zu Ende gegangen war, in unserem eigenen Staub zurückfuhr. »Ich hätte dir sagen können, daß eine Straße, die so ausschaut, kaum irgendwohin führen wird.«

»Es war die einzige heute, die in die richtige Richtung geführt hat«, sagte er. Sein Orientierungssinn war unbestreitbar, und jede Meile unserer Strecke war meinem Vater von der Eisenbahn her vertraut. Doch der Weg, den wir eingeschlagen hatten, verlief allgemein »übers Land«.

Der Hut meiner Mutter fuhr hinten bei den Kindern mit, aufgehängt über unseren Köpfen in einem Kissenbezug. Er schwebte hoch und fiel wie wir, wenn wir über Unebenheiten fuhren, stieß gegen unsere Köpfe und schlug uns auf autoritäre

Weise auf die Ohren, wenn wir manchmal bis an die Decke geschleudert wurden. Das war 1917 oder 1918; man konnte von einer Dame nicht erwarten, daß sie ohne Hut reiste.

Edward und ich saßen mit den Beinen über Koffer ausgestreckt. Die übrigen Koffer reisten außen an den Türen am Trittbrett befestigt mit. Autos wurden nicht mit Kofferraum gebaut. Das Werkzeug lag unter dem Rücksitz und machte sich in Synkopen mit den Bodenwellen bemerkbar; wir sprangen aus dem Wagen, damit Papa es herausholen und das Automobil hochbocken konnte, um einen Reifen zu flicken und zu vulkanisieren, oder damit er das Abschleppseil beziehungsweise die Radkette herausziehen konnte. Wenn es so arg regnete, daß wir die Straße vor uns nicht sehen konnten, warteten wir, bis der Regen nachließ; wir waren dann hinter einem Regenvorhang gefangen und spielten »Zwanzig Fragen«.

Meine Mutter war von Natur aus nicht sehr aufmerksam, doch sie prüfte genau; wenn sie ihrem Umfeld ihre Aufmerksamkeit zuwandte, geschah es, um etwas herauszufinden – die Wahrheit oder einen Fehler, ihren oder den anderer. Mein Vater hielt die Augen auf die Straße gerichtet, mit einzelnen Blicken zum Horizont oder nach oben. Mein Bruder Edward stand ab und zu auf dem Rücksitz auf, und seine Augenlider zuckten, während er auf der Mundharmonika spielte: »Old MacDonald Had a Farm« und »Abdul the Bulbul Amir«, und das Baby schlief auf dem Schoß meiner Mutter und wachte nur auf, wenn wir eine klappernde alte Brücke überquerten. »*Da* ist ein Fluß!« teilte es uns jauchzend mit. »Ja, das stimmt«, versicherte ihm meine Mutter und tätschelte es wieder in den Schlaf. Ich reiste wie in Hypnose; mein starrer Blick war auf die Landschaft gerichtet, die mit 25 Stundenmeilen vorbeizockelte. Während der langen Fahrt waren wir alle von einem eigenen Kokon umhüllt.

Die Reise dauerte hin und zurück jeweils ungefähr eine

Woche, und jeder Tag hatte meine beiden Eltern in seiner Gewalt. Während ich hinter meinem Vater fuhr, konnte ich sehen, daß die Straße ihn bei den Schultern, bei den Haaren unter seiner Fahrermütze gefangen hielt. Meine Mutter mußte ihn zum Anhalten zwingen. Ich erbte seine nervöse Energie insofern, als ich beim Schreiben einer Erzählung nicht aufzuhören vermag. Es läßt mich verstehen, wie Ohio ihm ans Herz ging und Westvirginia meiner Mutter. Schriftsteller und Reisende sind gleichermaßen davon gefesselt, ihre Bestimmung zu kennen.

Und die ganze Zeit über, da wir denken, wir erreichten sie so rasch, wie langsam bewegen wir uns vorwärts. In den Tagen unserer ersten Autofahrt trug meine Mutter stolz in ihr Logbuch ein: »Heute 161 Meilen!«, mit einem Ausrufezeichen.

»Ein Auto aus Detroit fuhr gestern an uns vorüber.« Sie führte stets solche Bücher mit Zeiten, Meilen, Tagesstrecken und zusammengerechneten Ausgaben.

Diese Art zu reisen brachte einem Grenzen ins Bewußtsein; man fuhr und war auf sie gefaßt. Beim Überqueren eines Flusses, der Grenze eines Verwaltungsbezirks oder eines Bundesstaats – besonders beim Überqueren der Grenzlinie, die man nicht sehen konnte, von der man jedoch wußte, daß es sie gab: zwischen dem Süden und dem Norden – konnte man einatmen und den Unterschied spüren.

Das Blue Book verzeichnete die Abfahrtzeiten der Fähren; manchmal lagen einstündige Wartezeiten dazwischen. Da Flüsse und Straßen sich gleichermaßen dahinschlängelten, mußten einige Flüsse dreimal überquert werden, ehe man sie hinter sich gebracht hatte. Am Fuß des Flußufers lag häufig eine Fähre, die nicht größer als die rückwärtige Veranda eines Hauses war. Wenn unser Automobil an Bord gefahren worden war – häufig eine unwegsame Böschung hinab, über rutschende Steine und unkontrollierbaren Schotter, wobei Papa einfach auf die aus zwei Planken bestehende Landungsbrücke zuhielt –, stiegen Vater und die älteren Kinder aus dem Wagen aus, um die Überfahrt zu genießen. Mein Bruder und ich standen dann barfuß auf nassen, sonnenerwärmten Brettern, die, vom Gewicht des Wagens beschwert, genau auf gleicher Höhe mit dem Wasser schienen; unsere Füße waren, als wären sie im Wasser. Einige dieser Fähren wurden von einem einzigen Mann bedient, der Hand über Hand an einem Tau zog, das gebleicht und ausgefranst war, als wäre es aus Maishülsen gemacht.

Ich sah zu, wie das durchgescheuerte Tau durch seine Hände glitt. Ich dachte, es risse, ehe wir das andere Ufer erreicht hätten.

»Nein, es reißt nicht«, sagte mein Vater. »Es ist noch nie gerissen, stimmt's?« fragte er den Fährmann.

»Jawoll.«

»Seht ihr? Wenn es noch nie gerissen ist, reißt es jetzt auch nicht.«

Sein allgemeiner Glaube an das Positive im Leben funktionierte in beiden Richtungen. Wenn man Schmerzen hatte, hieß es: »Hast du das schon einmal gehabt? Ja? Dann stirbst du auch nicht daran. Wenn du es schon einmal gehabt hast, dann geht's dir morgen früh wieder gut.«

Meine Mutter hätte nicht entschiedener anderer Meinung sein können.

»Du bist ein solcher Optimist, mein Lieber«, sagte sie häufig seufzend, wie auch nun auf der Fähre.

»Du bist ein ziemlicher Pessimist, Liebste.«

»Ganz gewiß.«

Und dennoch war ich mir sehr bewußt, während ich zwischen ihnen stand und mir das Wasser über die Zehen floß, daß er, der Optimist, derjenige war, der auf das Schlimmste vorbereitet war, und sie, die Pessimistin, war der Waghals: er derjenige, der auf unseren Reisen jede Nacht Ketten und eine

Rolle Seil und ein Beil mit nach oben in unser Hotelschlafzimmer mitnahm, für den Fall, daß ein Feuer ausbräche, und sie diejenige, die, bevor ich geboren war, bei einem Feuer sich losgerissen hatte und – auf Krücken! – ins brennende Haus zurückgelaufen war, um ihre Dickens-Ausgabe zu retten, deren gesamte vierundzwanzig Bände sie aus dem Fenster warf, ehe sie ihnen nachsprang, damit mein Vater beides auffangen sollte.

»Ich mache aus meiner lebenslangen Furcht vor Wasser kein Geheimnis«, sagte meine Mutter, die auf Fähren im Automobil blieb und dabei das Baby an sich drückte – meinen Bruder Walter, dem bestimmt war, die Gewässer des Pazifiks auf einem Minensuchboot zu durchstreifen.

Sobald die Sonne unterzugehen begann, fuhren wir langsamer. Mein Vater taxierte während der Fahrt die Städte ein, inspizierte in jeder das Hotel und entschied, wo wir die Nacht sicher verbringen könnten. Kleine wie große Städte hatten einen Anfang und ein Ende, sie erstreckten sich bis zu einer Linie und hörten dort auf, wo wieder die Landschaft begann, als hätte es sie gar nicht gegeben. Sie waren intakt und für sich da. Man konnte eine Stadt in ihrer Gesamtheit vor sich liegen sehen, genauso klar umrissen wie ein Teller auf einem Tisch. Und die Straße, auf der man fuhr, führte in sie hinein und verlief geradewegs durch ihr Herz; man vermochte alles zu sehen, es war für die Durchfahrt ausgebreitet. Städte besaßen wie Menschen eine klare Identität, und die Phantasie konnte hineingehen und sie kennenlernen. Man sah Häuser, Höfe, Felder und auf ihnen geschäftige Menschen – Menschen, die ihr Leben dort führten, wo sie waren. Man konnte die Bankuhr schlagen hören und die Bäckerei riechen. Man würde diese Städte wiedererkennen, die herausstechenden Details wiedererkennen, die man so nah gesehen hatte. Nichts war verschwommen, und während man die Hauptstraße entlangfuhr, wobei die Geschwindigkeit von fünfundzwanzig auf zwanzig Meilen in der Stunde reduziert war, entging einem auf beiden Seiten nichts. »Übers Land« irgendwohin zu reisen machte einen mit dem gesamten Hin- und Rückweg vertraut.

Meine Mutter gab sich auf unserer Fahrt nie ganz ihrem Vergnügen hin – denn es war für alle von uns ein Vergnügen –, weil sie wußte, daß wir mit einer geladenen Pistole in der Tasche an der Wagentür auf Papas Seite reisten. Ich bezweifele, daß mein Vater in seinem Leben je eine Schußwaffe abfeuerte; doch er hatte seine Familie nicht schutzlos übers Land von Jackson, Mississippi, nach Westvirginia und Ohio befördern können.

Das war nicht das erstemal, daß ich nach Westvirginia gebracht worden war, um meine Großmutter zu besuchen; doch es war der erste Besuch, an den ich mich noch so eben erinnere. Ich stand nun im Innern des Hauses, in dem meine Mutter geboren worden und aufgewachsen war. Es war ein niedriges, grauverwittertes Holzhaus mit einem breiten Flur mitten hindurch und Tageslicht an beiden Enden; es war das Haus, das Ned Andrews, ihr Vater, so erbaut hatte, daß es genau auf der Kuppe des höchsten Berges stand, den er finden konnte.

»Und hier habe ich zum erstenmal angefangen, meinen Dickens zu lesen«, sagte meine Mutter und zeigte auf die Stelle. »Genau unter diesem Bett. Um meine Kerze zu verbergen. Damit sie nicht wußten, was ich die ganze Nacht über tat.«

»Doch wo kam das alles her?« fragte ich sie schließlich. »Der ganze Dickens?«

»Na ja, Papa gab mir die Dickens-Ausgabe, weil ich zuließ, daß sie mir das Haar abschnitten«, sagte sie so, als wäre sie überrascht, daß mir ein derartiger Grund nicht selbst gekommen war. »In jenen Tagen glaubte man, sehr langes dichtes Haar greife die Kräfte eines Kindes an. Ich sagte NEIN! Ich wollte, daß mein Haar so blieb, wie es war. Zuerst boten sie mir goldene Ohrringe an – damals entwickelten kleine Mädchen häufig den Wunsch, die Ohrläppchen durchstochen und mit kleinen goldenen Ringen verziert zu bekommen. Ich sagte NEIN! Ich behielt lieber mein Haar. Dann sagte Papa: ›Wie wär's mit Büchern? Ich lasse dir eine komplette Charles-Dickens-Ausgabe schicken, von Baltimore herauf auf dem Flug in einem Faß.‹ Ich willigte ein.«

Ned Andrews war im Verwaltungsbezirk der jüngste Anwalt vor Gericht gewesen. Er machte sich nebenbei rasch einen Namen als Redner. Als er bei der Eröffnung eines neuen Gerichtsgebäudes in Nicholas County, Westvirginia, die Einweihungsrede hielt, legte meine Mutter einen Durchschlag zurück. Er rühmte die Architektur des Gebäudes: »Der Studierende wendet sich mit einem Seufzer der Erleichterung von den zerbröckelnden Stützen und Säulen Athens und Alexandrias ab und den symmetrischen und kolossalen Tempeln der Neuen Welt zu. Während sie von den Grabsteinen der Vergangenheit die Inschriften urzeitlicher Größe abnagt und die Pyramiden mit dem Moos der Vergeßlichkeit bedeckt, wendet die Zeit ihren Blick den neuen Tempeln der Kunst und des Fortschritts zu, die Amerika zum monumentalen Leitstern der Welt machen.«

Menschen mögen damals das Hochtrabende in Reden erwartet haben, doch sie hatten womöglich nicht Neds Gerichtssaaltalent erwartet. Einer Frau, die gern die Zukunft las, wurde der Mordprozeß gemacht. Es war zufällig gehört worden, wie sie in den Karten eines alten Mannes gelesen hatte, daß dessen Tage gezählt seien. Als dieser alte Mann am nächsten Tag mit einer Schußwunde aus einem Gewehr tot im Bett aufgefunden worden war, erschien es der Öffentlichkeit so, als hätte jene Kartenleserin zuviel darüber gewußt. Sie kam

wegen Mordes vor Gericht. Ned Andrews' Verteidigung krei-
ste um die wohlbekannte Tatsache, daß der alte Mann immer
sein geladenes Gewehr über dem Kopfende seines Bettes hän-
gen hatte. Das war das Gewehr, welches ihn erschossen hatte.
Der alte Mann könnte es höchst einfach selbst abgefeuert
haben, argumentierte Ned, indem er unvorsichtigerweise ein
wenig auf dem Bett herumgehüpft wäre. Er brachte ein, es
selbst zu beweisen, und lud die aus zweifelnden Bergbewoh-
nern bestehende Jury ein, ihm dabei zuzusehen. Er führte sie
den Berg hinauf zur Hütte des alten Mannes und hängte das
Gewehr an seinen Platz, nachdem er es mit Platzpatronen ge-
laden hatte; während die Jury zuschaute, machte er den alten
Mann nach und landete mit einem Satz im Bett. Das Gewehr
löste sich, fiel herunter und feuerte auf ihn. Er schloß den Fall
ab. Die Kartenleserin wurde ohne weitere Umstände für un-
schuldig erklärt.

Er strotzte vor Begabung. Er besuchte das Trinity College
(später Duke University), wo er eine literarische Gesellschaft
aufbaute; er war Journalist und Photograph in Norfolk, Virginia, und in Westvirginia, wohin er aus Abenteuerlust wegge-
laufen war, wurde er Rechtsanwalt. Er scheint ein berühmter
Angler in den Gebirgsflüssen gewesen zu sein und wird noch
immer ab und an in den Erzählungen der örtlichen Sports-
freunde erwähnt. Ned machte ein Bienenstich nichts aus, und
man konnte ihn immer herbeirufen, damit er einen wilden
Schwarm fing. Ned war der einzige, nach dem man schickte,
wenn jemand in einen leeren Brunnen gefallen war, weil er
keine Furcht davor hatte, sich anzugurten und in die tödlichen
Gase am Boden hinabgelassen zu werden und das bewußtlose
Opfer nach oben zu bringen.

Doch die menschlichen Schwächen, die Mutter bei anderen
am wenigsten zu verzeihen vermochte, betrachtete sie bei ihm
nur mit Zärtlichkeit. Ich bemerkte – langsam und erst im
Laufe der Jahre bemerkte ich es –, daß er manchmal trank. Er

erzählte seiner Frau, Eudora Carden, wilde Geschichten. Die erste erzählte er, um sie zu heiraten; als er neunzehn war, vier Jahre jünger als sie, sagte er, er sei bereits mündig. Sie war abergläubisch; gern neckte er sie mit Tricks oder veranstaltete mit stillschweigendem Einverständnis einer seiner kleinen Söhne ausgiebige Scharaden, die sich ihre Furcht vor Gespenstern zunutze machten. Er schockierte sie mit einer Geschichte – Mutter sagte, es gebe nichts, mit dem man dies widerlegen könne –, daß einer der Andrews Vorfahren in Irland gehängt worden sei. Eudora Carden entstammte der Familie eines streng glaubenstreuen Baptistenpredigers, und er war gegenüber allen Predigern unehrerbietig und unbezähmbar. Ich habe Photographien gesehen, die er von ihr machte – Ferrographien; natürlich machte er diese mit großer Sorgfalt, um zu zeigen, wie hübsch er seine Frau fand. Auf einer steht sie hinter einem Stuhl, die langen Hände auf der Lehne an den Handgelenken übereinandergelegt; sie trägt ihre besten Kleider und hat das schwarze Haar straff über dem ovalen Gesicht nach oben gebunden und eine Blume hineingesteckt, die wie eine wilde Rose ausschaut. Sie ist sehr jung. Sie hat breite graue Augen über hohen Wangenknochen; sie blickt nach vorn, genau auf ihn. Ihr Mund ist empfindsam, die Lippen jugendlich voll. Jahre später erzählte sie ihrer Tochter Chessie, sie sei gegen diese Aufnahme gewesen, weil sie zu der Zeit schwanger war, und die Pose – die übereinandergeschlagenen Hände auf der Lehne des Stuhls – habe dazu gedient, das zu verbergen. (Mit meiner Mutter, so frage ich mich, ihrem ersten Kind?) Wenn sie an kalten Morgen vom Brunnen zurückkehrte, bluteten ihre Hände, weil sie das Eis aufgebrochen hatte: Daran erinnerte sich meine Mutter stets, wenn sie die sanften Hände auf der Ferrotypie ansah.

Ich weiß nicht, woher sie kam oder wem sie vermacht wurde, doch eines Tages fiel meiner Mutter eine alte selbstangefertigte Zeichnung des Stammbaums der Andrews-Familie in die Hände. Sie war zusammengerollt; wenn man sie ausbreitete, konnte sie sich im nächsten Moment wieder klappernd zusammenrollen. Der Stammbaum war wie ein lebender Baum gezeichnet, der von einem verwurzelten Stamm aus jeden Ast, jeden Zweig und jedes Blatt klar umrissen ausbreitet und voll mit Namen und Daten in gestochen feiner Handschrift ist. Am auffallendsten war der dicke Ast, der in der Nähe des Hauptstamms von unten her aufragte: Er war kurz abgebrochen, hatte ein schartiges Ende, war zweiglos und laublos und mit »Joseph, vom Blitz erschlagen« beschriftet.

Die Zeichnung war mit der feinsten Feder in Tusche ausgeführt worden, die verblaßt war, so als wäre das Ganze mit verwässertem Ahornsyrup gezeichnet worden. Die Blätter waren nicht steif gezeichnet, waren keine konventionellen Ellipsen, alle gleich, sondern jedes Blatt war zierlich gestaltet, mit spitzem Ende und am Zweig zur einen oder zur anderen Seite gewandt, als würde dieser Familienstammbaum von einer leichten Brise geschüttelt. Das massige Ganze hatte damals für mich das Aussehen eines Kinderpuzzles, bei dem man seine Mutter finden sollte. Ich fand meine – nur ein winziges Blatt am Zweig eines Astes nahe der Krone, kaum groß genug für ihren winzigen Namen.

Der Andrews-Zweig, von dem meine Mutter kam, repräsentiert die Mischung, die im Südosten am häufigsten ist – englisch, schottisch, irisch, mit einem Schuß französisch-hugenottisch. Das erste amerikanische Mitglied, Isham, das im Unabhängigkeitskrieg kämpfte, wurde in Virginia geboren und zog nach Georgia, wo nachfolgende Generationen lebten. Die Andrews waren kein ländlicher Clan wie die Weltys; sie lebten in Städten, waren Erzieher und Prediger, mit einigen methodistischen Wanderpredigern; einer von Neds Vettern (Walter Hines Page) war Botschafter in England. Das Trinity College erzog einige von ihnen, für eine ungeduldige Weile auch den jungen Ned. Als 1862 der Vater meiner Mutter, Edward Raboteau Andrews (Ned) geboren wurde, war die Familie nach Westvirginia zurückgekehrt. Er war aus anderem Holz geschnitzt und lief mit achtzehn vom Haus seiner Eltern, Großeltern, Schwestern, Brüder und Tanten in Norfolk davon, um der erste Westvirginianer zu werden.

Hier in der Mitte der Andrews-Küche, an demselben langen Tisch, an dem die Familie immer saß, nicht weit entfernt davon, wo Großmutter immer am warmen Herd geschäftig zu sein schien, hatte Ned gesessen und seine Verteidigungsfälle ausgearbeitet für das Clay Courthouse tief unten und außer Sichtweite am Fuße des Berges. Mutter entsann sich auch, daß er dort Orchestermusik transponierte; er hatte die Instrumente kommen lassen, ein Orchester zusammengestellt und es, aufgereiht auf dem Rasen des Gerichts, dann konzertant spielen gelehrt: Er brauchte Musik sehr. Seine Kinder hatten ebenfalls Instrumente, die sie zu spielen lernten; er bestimmte für meine Mutter das Cornet. (Wenn ich daran zurückdenke, wie sie während des Abspülens »Blessed Assurance« sang, wird mir klar, daß sie die hohen Töne ein wenig zu tief herausbrachte, so wie bei einem Kindercornet.)

Im Federbett im Vorderzimmer dieses Hauses, in dem er mit großen Schmerzen (wahrscheinlich vom Leiden, das seinen Tod verursachte – einem entzündeten Blinddarm) lag, hieß er einst meine Mutter, ein kleines Mädchen, das Küchenmesser zu holen und es in seine Seite zu stoßen; sie, hypnotisiert, glaubte beinahe, sie müsse gehorchen. Von jener Tür aus ging sie später in einer frostigen Winternacht mit ihm, als es klar war, daß er irgendwie in ein Krankenhaus mußte. Die Bergstraßen waren unpassierbar; Eis war auf dem Elk; doch ein Nachbar schwor, er könne es mit einem Floß schaffen. Sie war fünfzehn. Chessie ließ ihre Mutter und die fünf kleinen Brüder zu Hause allein und begleitete ihn. Ihr Vater lag auf dem Floß, auf dem ein Feuer entfacht worden war, um ihn, mit Chessie neben sich, zu wärmen. Dem Nachbarn gelang es, das Floß durch den vereisten Fluß zu staken und ihn schließlich bei einem Schienenstrang zu überqueren. Mit einer Flagge hielten sie den Zug an. (Es erscheint möglich, daß die Stelle, an der sie den Zug anhielten, dieselbe war, an der meine Mutter und ich aus dem Zug hatten aussteigen dürfen, als ich drei war und wir bei jenem fast vergessenen Besuch ankamen. Es war im Morgengrauen eines frühen Sommertages; alles war eine Dunstwolke – wir standen am Ufer eines Flusses, und ich wußte es nicht. Als meine Mutter am Seil einer Eisenglocke zog, beobachteten wir, wie ein Boot mit ihren fünf Brüdern darin aus dem Dunst auf uns zukam.)

Meine Mutter mußte allein aus Baltimore zurückkehren; der eingesargte Körper ihres Vaters war im selben Zug. Er war im Alter von siebenunddreißig auf dem Operationstisch im Johns Hospital an einem durchgebrochenen Blinddarm gestorben. Die letzte klare Bemerkung, die er meiner Mutter gegenüber machte, war: »Wenn du sie mich festbinden läßt, sterbe ich.« (Der Chirurg war zu ihr in die Halle hinausgekommen, wo sie wartete. »Kleines«, sagte er, »du nimmst jetzt besser mit jemandem in Baltimore Kontakt auf.« – »Sir, ich kenne niemanden in Baltimore«, sagte sie, und was sie nie vergaß, war seine verblüffte Erwiderung: »Du kennst niemanden in *Baltimore*?«)

Bald darauf steckte meine Mutter ihr Haar hoch und zog von diesem Haus aus, um in einer einklassigen Schule kleine und große Kinder aus den Bergen zu unterrichten. Am ersten Tag kamen einige Väter mit, um zu sehen, ob sie ihre Kinder, von denen einige älter als meine Mutter waren, auch zu schlagen imstande war. Sie sagte den Kindern, sie werde sie schlagen, wenn sie ungebärdig würden und sich weigerten zu lernen, und sie lud die Väter zu bleiben ein, so daß sie ihnen ebenfalls Schläge austeilen könne. Nachdem man sie auf diese Weise auf die Probe gestellt hatte, klappte es ganz vorzüglich mit ihnen. Jeden Tag verließ sie das Haus auf ihrem Pferd; da sie einen Fluß zu überqueren hatte, ritt ein kleinerer Bruder hinter ihr auf dem Pferd mit, um es nach Hause zu reiten, während sie in einem Boot über den Fluß ruderte. Und er war dann abends mit dem Pferd wieder da, um sie abzuholen. Auf dem ganzen Weg habe sie, so erzählte sie mir, zum Zeitvertreib laut Gedichte aus McGuffeys Reader aufgesagt.

Sie konnte sie noch immer ganz aufsagen, als sie hilflos und fast blind in ihrem Bett lag, eine alte Frau. Beim Rezitieren wurde ihre Stimme klangvoll und sicher; sie ertönte mit der alten Leidenschaft, ja Schärfe. Sie erteilte mir eine weitere, fast ihre letzte Lektion: Gefühle altern nicht. Ich wußte, daß ich wie sie empfinden würde, und das stimmt.

Das Unterrichten brachte meiner Mutter nach und nach genug Geld ein, daß sie sommers auf das nahe gelegene Marshall College gehen konnte, und nach einiger Zeit bestand sie die Abschlußprüfung. Ihr Kopf, so erzählte sie mir später, sei voll mit Miltons *Verlorenes Paradies* gewesen, und sie zeigte mir die von ihr aufbewahrten Notizhefte mit den Diagrammen. Noch als Lehrerin begegnete sie meinem Vater, Christian Welty, einem jungen Mann aus Ohio, der gekommen war, um während des Sommers im Büro eines Bauholzbetriebs in der Nachbarschaft zu arbeiten. Während sie zusammen gingen, unternahmen sie lange Spaziergänge entlang der Bahngleise, die, so stelle ich mir vor, mein Vater an sich romantisch fand – sie schossen Photos voneinander: mein Vater mit einem Fuß auf einem Meilenstein, meine Mutter mit einem aufgeschlagenen Buch und einem Spitzentuch über dem Kopf auf einem Übergang sitzend. Mein Vater ließ sich von ihr auf einem fahrenden Seitenwagen stehend photographieren; er hatte die Hand am Bremshebel. Als sie dieses Haus verließ, heiratete sie ihn und brach in ein neues Leben auf und zu einem für beide neuen Teil der Welt, nach Jackson, Mississippi.

Mutters Brüder wurden »die Jungs« genannt. Ihre langhälsigen Banjos hingen leger wie Hüte oder Mäntel an Haken in der breiten Diele. Wenn sie von draußen hereinkamen, nahmen Carl und Moses ihre Banjos von der Wand und setzen sich nebeneinanderhin und legten los. Das ist es, woran ich mich von meinen frühesten Besuchen an erinnere; ich hatte es bis jetzt vergessen. Sie spielten zusammen wie Seelenfreunde. Mit drei Jahren hatte ich ausgerufen: »Zwei Karls!« Sie sangen im selben perfekten Takt, in perfektem Gleichklang: »Frog went a-courting and he did ride«.

Der mühelose, trommelgleiche Rhythmus, noch dazu in doppelter Ausführung, hätte jedes Kind für sich eingenommen. Sie hatten ein Repertoire aus Balladen und Countrysongs und mitreißenden Kirchenliedern. Meine Mutter hieß ihre Brüder, ja ersuchte sie häufig, aufzuhören – ich wollte nicht ins Bett gehen. »Ach Schwester, laß die Kleine noch ein Lied hören«, und ein Lied konnte ohne Taktänderung in ein weiteres übergehen.

Die Jungs sangen auch gern alle fünf zusammen ohne Begleitung. Gus, er war am schwersten von ihnen und hatte einen breiten Brustkorb, ragte mit einem bis zu den Zehen reichenden Baß über die anderen empor. Jene alten Weisen, mit denen sie aufgewachsen waren und die Refrain nach Refrain herauskamen, klangen lauter und lauter, besonders wenn sie im Freien gesungen wurden. »Roll, Jordan, Roll« erfüllte die Luft um sie herum und strömte vom nächsten Berg aus als Echo auf sie zurück, als wäre der Berg voll von Sängern, wie die Amseln in einer Pirogge aus jenem alten Kinderlied, die darauf warten, daß das Lied sie herausläßt.

Ich glaube nicht, daß meine Mutter ihren Vater je in einem anderen Licht sah als dem, in welchem sie ihn als kleines Mädchen sah – denn er lebte nicht viel länger. Alles, was mir selbst von ihm vermittelt wurde, ist ihre eigene kindliche unkorrigierte Sicht – halb verehrender Traum, halb brutale Erinnerung an seinen Tod, den Teil seines Lebens, den nur sie zu erzählen vermochte. Ihre Brüder waren alle zu klein, um überhaupt eine klare Erinnerung an ihn zu haben; am besten erinnerten sie sich an seine Lieder, erinnerten sich daran, wenn sie sangen, und erzählten davon, wie er immer neue Verse für »Where Have You Been, Billy Boy?« ersann, indem er der Melodie seine eigenen ausgelassenen Worte lieh. Was sie behalten hatten, stammte aus den Geschichten, die man über ihn erzählte, was sie zu erkennen vermochten, lag bei ihrer Mutter.

Was hielt mein Vater, Christian Welty, von all den Geschichten über ihren Vater, die meine Mutter erzählte? Ich habe es nie erfahren. Mein Vater war das genaue Gegenteil von ihm; er war im ganzen beständig, zurückhaltend, genügsam; bereit, geduldig zu sein, wenn erforderlich, und sachlich in allem, was er sagte. Vor der Geburt meiner Brüder, als meine Mutter und ich allein mit der Bahn reisten, kam mein Vater am Ende unseres Besuches zu uns, um uns sicher nach Hause zu geleiten. Vielleicht erinnere ich mich dessen ohne großes Verständnis, doch ich war nicht zu jung, um zu bemerken und es im Gedächtnis zu behalten, wie anders es war, wenn mein Vater auf der Bildfläche erschien. Eine Veränderung erfaßte alles, was wir taten, wie eine Windänderung.

Tatsache war es, daß meine Mutter und ich die einzigen waren, die darauf brannten, ihn kommen zu sehen. Natürlich war er älter als sie, die Brüder – sechs Jahre älter als Chessie, ihre ältere Schwester –, und er war ein Yankee; doch später erkannte ich dann, was der wahre Grund für die höfliche Distanz gewesen sein mußte, die sie in ihre Begrüßung legten: Seit er zum erstenmal auf Freiersfüßen hergekommen war, hatten sie gewußt, daß er nur hier war, um ihnen die Schwester fortzunehmen.

In diesem Haus hatten sie gesehen, wie ihre Schwester verheiratet wurde. In meiner Erinnerung nannten Mutters Brüder meinen Vater nie anders als »Mr. Welty«, und ganz sicher auch damals nicht – am Hochzeitstag; Moses, der jüngste, ging nach draußen und »weinte auf der Erde«. Die Neuvermählten fuhren mit der Eisenbahn zur Weltausstellung und der Louisiana Purchase Centennial Exposition, die (ein Jahr später) in St. Louis eröffnet worden war. Es war Oktober 1904. Sie würden dann weiter nach Jackson, Mississippi, und in die Zukunft fahren. Meine Mutter dachte, es sei unbotmäßig, mit dem eigenen Mut zu prahlen; das einzige, was sie schließlich sagte, war: »Ja, ich denke, ich war ziemlich unternehmungslustig.«

Ihrer zurückgelassenen Familie muß es so erschienen sein, als wäre sie für immer von ihnen abgeschnitten worden. Ihre Abwesenheit von zu Hause verkrafteten sie nie wirklich.

Ich glaube, meine Mutter verkraftete es genausowenig. Ich glaube, manchmal lauschte sie und konnte die Stimmen des Berges vernehmen – das verspätete Echo des unsichtbaren und fernen alten Mannes – »bloß ein alter Eremit«, sagte Großmutter –, der Holz hackte und zwischen den Axthieben, die wie die Antworten in einen Wechselgesang fielen, Gott anrief; das Geplapper der Queens Untiefe im Elk irgendwo unten, gleichermaßen unsichtbar, das ich von Großmutters Schaukelstuhl im Vorgarten aus zu hören glaubte, obwohl mir stets gesagt wurde, ich müsse etwas anderes hören; das Schwinden und Schwellen von flüchtigen Geräuschen, die Reichweite der Stimme, welche klang, als wäre sie an langen Fäden, die man mit den Händen greifen konnte, so daß ich fragte, wer es war, der noch außer Sichtweite war, jedoch in den Bergen rief, während er sich uns näherte, während wir ihn heranholten.

Ich glaube, als meine Mutter nach Jackson kam, brachte sie Westvirginia mit sich. Freilich brachte auch ich etwas davon mit.

Solang sie lebte, wurden jeden Tag zwischen meiner Großmutter und meiner Mutter Briefe ausgetauscht. Für Großmutter ging es immer darum, daß ihre Briefe den Berg hinunter zum Court House befördert wurden, damit sie den Zug erreichten.

Liebe Chessie, ich habe Dir gestern abend geschrieben, doch ich gab Gus den Brief heute morgen nicht, da ich dachte, Carl ginge bestimmt zum C. H. und würde, zumal er eigene Briefe aufzugeben hatte, es nicht vergessen. Er hatte den Überzieher an, um vor dem Mittagessen zu gehen; doch ich sagte ihm, das Essen sei fertig, und nachdem wir mit dem Essen angefangen hatten, kam Moses herein und sagte, der Hund sei hinter einem Fuchs her, und die Jungs verließen alle das Haus, sobald sie mit dem Essen fertig waren, und mein Brief ist noch hier, und ich höre eben den Zug, also geht er heute nicht ab. Letzte Nacht hörte es auf zu regnen, und heute hat es teilweise geschneit, und fast die ganze Zeit über war es stürmisch und so dunkel und düster, daß ich nur am Feuer sitze. Ich wünschte, Du hättest ein halbes Dutzend von meinen Hühnern. Letzte Woche schlachtete ich drei, damit die Jungs sie in die Schule mitnehmen konnten. Ich wünschte wirklich, ich könnte für eine Weile kommen und Dich sehen, aber da ich es nicht kann, mache ich, glaube ich, ein Nickerchen. Mit viel Liebe von Mutter.

Und:

… Carl schreibt gerade Briefe an verschiedene, von denen er denkt, daß sie zur Schule kommen könnten; Gus und Moses spielen auf ihren Ban-Joes, wie Eudora sagen würde; ich weiß nicht, was John treibt, er ist im anderen Zimmer… Sag, glaubst Du, man könnte zum Beispiel im April zwei Tauben von hier zu Eudora schicken, oder glaubst Du, das ginge nicht ohne jemanden, der mitfährt und auf sie aufpaßt? Sie würde sie mögen; denn sie würden um sie herumfliegen und ihr aus der Hand fressen, wenn sie es möchte. Es geht uns allen gut, und wir hoffen, Euch allen geht es gut, mit viel Liebe von Mutter, und küsse das Baby.

Und einen von einem 4. November:

Mein liebes Kind, gestern erhielt ich keinen Brief; doch ich hatte gedacht, daß ich heute morgen einen an Dich beginnen würde; doch ich habe es nicht getan. Ich hatte beschlossen, ich würde zu Fuß zum C. H. gehen, und fing an, mich fertig zu machen. Hochoben ist der Tag schön, keine Wolke zu sehen, und dennoch ist der Wind furchterregend. Ich bin fast fertig mit dem Weben, habe das Eßzimmer und die Küche geschrubbt, drei oder vier Scheffel Walnüsse gesammelt; ich wusch gestern und fand zwei Hühnernester mit sieben Eiern darin. Ich sagte Gus, ich hätte 75 Cent oder einen Dollar gespart und 25 Cent gewonnen, denn ein Dutzend Eier kostet 25 Cent... Drei Jungs haben mit der Schule begonnen, und ich glaube, sie werden lernen; sie scheinen beide mit ihren Lehrern zufrieden zu sein. Maggie Kennys vierte Schwester unterrichtet die untere Klasse. Mattie Cora und Hattie haben geheiratet, wie Du vielleicht weißt; damit bleiben Hester und sie zum Unterrichten übrig. Gus sagte gestern abend, einer von Clays Lehrern, ein intelligenter junger Mann, sei gestern gestorben. Ich wünschte, ich wäre mit meinen Händen so flink, wie ich Arbeiten finde, und vielleicht könnte ich dann die Dinge auf die Reihe bringen, doch ich kann es nicht. Ich fühle mich sehr einsam, doch wenn Du und das Baby irgendwann hereinkämt, um Großmutter zu sehen, ginge es mir gut; doch ich hoffe, Ihr beide und Ihr alle drei bleibt gesund, mit einem Herzen voll Liebe von Mutter.

Hier ist ein Brief, den sie mir schrieb:

Meine liebe Eudora Alice, ich wünschte wirklich, ich könnte die Puff-Puff-Eisenbahn nehmen und zu Dir kommen und an Deiner kleinen Party teilnehmen; ich würde Dir zwei schöne kleine Tauben mitbringen; denn ich weiß, daß Du und Deine kleinen Freundinnen an ihnen Freude hättet; doch weil ich weder kommen noch die kleinen Tauben schicken kann, gehe ich heute morgen zum Court House und sehe, ob ich Dir eine kleine Tasse Zucker schicken kann, den Du essen und dabei an Großmutter denken kannst. Ich hoffe, Du hast eine schöne Zeit und Dir geht es gut. Mit viel Liebe von Großmama.

P. S. Sag Mama, das nächstemal schreibe ich ihr.

Aus solchen Zutaten setzte sich die Person meiner Mutter zusammen.

Großmama hatte meine Erregung und Anteilnahme in bezug auf ihre mehr als vertrauten Tauben für Liebe gehalten. Ich erkenne jetzt, daß sie vielleicht recht hatte.

In dem Sommer lag ich, den Kopf auf dem Rücken eines Sattels, im hohen Gras; der Zenit war über mir, und die weite Landschaft lag steil unter mir, und ich horchte so lang in die Stille des Berges hinein, bis ich das schwache Klimpern einer Kuhglocke hören konnte. In den Bergen war das, was man nicht sehen konnte, nie ganz verschwunden. Wie der Berg so würde jene entfernte Glocke immer da sein. Sie würde einen ständig daran erinnern.

Es bedurfte der Bergspitze, so kommt es mir heute vor, um mir das Gefühl der Unabhängigkeit zu vermitteln. Es war, als hätte ich etwas entdeckt, das ich niemals vorher in meinem kurzen Leben erfahren hatte. Oder wiederentdeckt – denn ich verband es mit dem Geschmack des Wassers, das aus dem

Brunnen kam, begleitet vom Klirren der langen Metallmanschette gegen die Seiten des lebenden Berges, während es von tief unten ins Licht heraufgeholt wurde, pralle und strömende lange Tropfen hinter sich wie leuchtende Sterne an einem Band. Von der allgemeinen Schöpfkelle zu trinken brachte mich schier aus dem Häuschen. Die Kühle; die entfernten, unsichtbaren, unhörbaren Quellen dessen, was nun in meinem Mund war; der kräftige Eisengeschmack, der mir die Wangen zusammenzog; der an Farnkraut erinnernde Geruch – alles sagte Berg, Berg, Berg, während ich schluckte. Jeder Schluck machte mich zu einem Teil des Hierseins, versiegelte mich mit der Stelle; meine Füße waren fest auf den Berg gestellt und benetzt von dem, was ich vor Entzücken verschüttet hatte. Es betraf nur mich allein, so empfand ich es, weswegen ich hierher gekommen war.

Meine Mutter verehrte ihre Brüder, »die Jungs«, und sie war deren Herzblatt. Eines Tages bummelten sie und die Jungs mit mir den Bergpfad hinunter und sprachen über die Familie. Ich wollte auf einen besseren Pfad abbiegen, den ich mir ausgesucht hatte, und im nächsten Augenblick flog ich ihn hinab, schnurstracks hinab; dann fiel ich, rollte und stürzte, und Staub und Blätter sammelten sich in meinen Kleidern und Haaren, und ich konnte einen langen Riß in meinem Kleid hören, ohne imstande zu sein, anzuhalten, bis ein Busch mich auffing. Ich stand auf und schaute zurück nach oben. Es war nicht weit, doch meine Mutter und die Jungs hätten hinter dem Mond sein können: Sie lachten über mich, meine Mutter und die Jungs konnten sich vor Lachen kaum halten. Einer meiner Onkel sprang zu mir herab und trug mich wieder hinauf. Den Rückweg über saß ich auf seinen Schultern. Die Jungs, nicht meine Mutter, hänselten mich noch, und ich saß dort oben, mit gesenktem oder erhobenem Kopf – ich weiß es nicht mehr genau.

»Die Kleine hat jetzt gelernt, was eine Holzrutsche ist«,

sagte Onkel Carl, als wollte er Großmama, während er mich vor ihr absetzte, einen Familienwitz erläutern. An ihre Geste daraufhin konnte ich mich ebenfalls noch erinnern (die letzte von den frühen Erinnerungen): Mit dem Zeigefinger schob sie mir die Haare hinter die Ohren, so daß sie mein nacktes Gesicht sehen konnte. Sie blickte mir ernst in die Augen. Waren wir nicht genau an dem Punkt angekommen, daß wir beide den Namen Eudora hatten?

»Lauf und zieh dein Kleidchen aus, und Großmama stopft das Loch rasch«, sagte sie. Dann blickte sie von mir zu Mama und zurück zu mir. Ich lernte auf unserer Reise, was dieser Blick bedeutet: Familiengesichter aufeinander abstimmen.

Die Cardens hatten schon eine Weile in Westvirginia gewohnt – ich glaube, bereits ehe Westvirginia ein Bundesstaat war. Eudora Cardens eigene Mutter war Eudora Ayres gewesen; sie entstammte einer Oranienfamilie in Virginia und war die Tochter einer hugenottischen Mutter und eines englischen Vaters. Er war ein gutsituierter Plantagenbesitzer. Eudora Ayres heiratete wieder einen jungen Virginianer, William Carden, der arm war und als »Träumer« bezeichnet wurde; und als diese beiden unschuldigen Menschen auszogen, ihr Leben in der wilden bergigen Landschaft, in dem unbekannten Teil, der sich von Virginia abgespalten hatte, zu beginnen, brachte er in seinem Besitz sein in Leder gebundenes lateinisches Wörterbuch und seine Grammatik mit, und sie brachte ihres Vaters Hochzeitsgeschenk mit – fünf Sklaven. Das Wörterbuch wurde im winzigen Farmhaus behalten, und die Sklaven wurden freigelassen. Eine der nackten Tatsachen ihres Lebens in Enon ist Urgroßvater Cardens Gefangenschaft während des Bürgerkrieges und seine Kerkerstrafe in Ohio, die er unter dem Verdacht, als Virginianer ein Sympathisant der Konförderierten zu sein, verbüßte, und während der Haft verlor er das Augenlicht.

Ihr Sohn, Mutters Großvater, war ein baptistischer Prediger. Enon-bei-Gilboa war der Name seiner Kirche – er stammte natürlich aus der Bibel; Gilboa, wie in der Bibel auf dem Berg gelegen, war die ältere Kirche, bei der Enon lag. Hier wurden Eudora Carden und vier Brüder geboren, und hier verbrachten später die Andrews-Kinder einen großen Teil ihrer Zeit. Er war ein ungeheuer strenger und geistig reger alter Mann.

Als seine erste Frau starb und ihn als jungen Mann mit kleinen Kindern zurückließ, tat Großvater das, was so viele damals taten: Er ließ ihre Schwester aus Virginia kommen. Nach einem zeitlichen Abstand heiratete er sie schließlich. In jungem und verständnisvollem Alter pries meine Mutter sie für die Selbstlosigkeit, mit der sie aus Virginia gekommen war und Großpapa seiner mutterlosen Kinder willen geheiratet hatte, und die alte Dame entgegnete scharf: »Wer sagt, daß ich ihn deshalb geheiratet habe?«

Meine Mutter und die Jungs verbrachten viel Zeit damit, Großpapa und Großmama Carden zu besuchen. Dieser gute alte Mann ging gern in die Scheune, um seine Abendgebete zu sprechen, wo er sie zu den Dachsparren hinaufdonnern konnte, so wie es ihm gefiel. Mutters kleine Brüder versteckten sich mit Wonne im Heu, wo sie Großpapa beim Beten belauschen konnten, und er seinerseits achtete darauf, ihrer aller Namen zu erwähnen, wenn er um Vergebung bat, und den Herrn zu bitten, mit ihnen Geduld zu haben, worin auch immer ihr sündiges Leben begründet war, und sie zur Rechtschaffenheit zu führen, *ehe es zu spät war.*

Manchmal jubelte meine Mutter, wenn sie in unserem Haus im Schaukelstuhl am Feuer die Bibel las, über eine Passage, weil sich diese zum Vortragen eignete: »Ich werde so stark an Großvater Carden erinnert, wenn ich zu den Römerbriefen komme«, sagte sie.

Sie war während ihrer eigenen Jugend Großpapa gegenüber

sehr unbefangen gewesen. »Ich stimme mit dem heiligen Paulus nicht überein«, sagte sie ihm einmal: Das war im Zusammenhang mit der Vorschrift, einen Hut zur Kirche zu tragen.

Auf unserem Bild von Großvater Carden sind sein langer Kinnbart und sein Backenbart schneeweiß und scheinen von einem Bergwind bewegt zu werden. Sein großer schwarzer Hut ruht verkehrt herum auf seinem Knie, während er auf einer Bank mit gerader Rückenlehne sitzt. Die rechte Hand hält seinen Stab, der ganz gerade und dünn wie eine Gerte ist; er sieht aus, als wäre er vier oder fünf Fuß lang. Die Photographie trägt auf der Rückseite in seiner strengen Handschrift die Widmung: »Für Chessie, falls sie es haben will.«

So waren die frühen Tage gewesen. Ich neige dazu anzunehmen, daß es Ned Andrews gewesen war, der sich in Virginia als Urpionier sah; er war in dieser Geschichte der einsame Romantiker. Es könnte ihm Freude bereitet haben, sich auszumalen, welche Gestalt er für die Leute in Tidewater Virginia abgegeben hatte. (Sie staunten tatsächlich über ihn: Mit der Zeit lernte ich die Verwandtschaft aus Virginia kennen, seine bemerkenswerte Mutter und seine Schwestern, die, als sie es erfahren hatten, sich um die junge Chessie und Neds gesamte Familie scharten.)

Seine zarte, blasse Ehefrau lebte als eine Frau von unaufhörlichem Mut und beachtlicher Grazie weiter und verfügte über sehr viel, woraus sie das Beste zu machen verstand. In den Augen aller ihrer ergebenen Kinder und aus jedem Wort, das ich diese habe sagen hören, scheint es, daß keiner ihrer Eltern jemals im Leben ein bewußtes Unrecht oder einen nicht wiedergutzumachenden Fehler begangen haben konnte. Als ihre Mutter starb, kamen die Jungs vom Berg herunter. Sie heirateten und führten unten ihr eigenes Leben – mit Ausnahme von John, der an Lungenentzündung starb, nachdem er sich 1918 zum Militär gemeldet hatte – als Lehrer, im Bankgewerbe, in der Verwaltung oder in der Geschäftswelt. Carl wurde Bürgermeister von Charleston. Sie gaben nie ihr Zuhause auf. Es wurde zum Zufluchtsort für die Familie, wurde zum Lager beim Jagen und Fischen. Meine Mutter und ihre Brüder konnten sich gegenseitig besuchen, und zwar nicht nur in unruhigen und krisenreichen Zeiten. Es wurde schließlich eines Tages verhältnismäßig einfach.

Es erscheint mir wahrscheinlich, daß das Element in meinem Wesen, das von mir dort oben auf dem Berg Besitz ergriff, diese wilde Unabhängigkeit, die plötzlich mir gehörte, um in mir zu bleiben, ungeachtete des großen Schreckens, als ich stürzte, ein Erbe war. Es war sogar mein Haupterbe von meiner Mutter, die tapferer war. Und dennoch – obwohl sie diesen unabhängigen Geist so gut kannte, war er es, vor dem sie mich so angstvoll zu schützen, ja mich vor ihm zu warnen suchte. Ihn hatten wir gemein, er schuf die stärksten Bande und die größte Spannung zwischen uns. Aufzuwachsen bedeutet, um ihn zu kämpfen; alt zu werden bedeutet, ihn zu verlieren, nachdem man ihn besessen hat. Auch für sie war er tief mit den Bergen verbunden.

Als sie alt, verwitwet, krank war und das Augenlicht verlor, verkündete meine Mutter mir eines Tages, sie würde sich freuen, wenn man das Piano in unser Haus zurückbrächte. Es war der Steinway, den sie mir gekauft hatte, als ich neun war; er war weit außerhalb ihrer Mittel gewesen, und sie hatte ihn selbst vom Haushaltsgeld bezahlt, das sie aufgestockt hatte, indem sie eine Jersey-Kuh kaufte, die sie selbst melkte, und einen Teil der Milch an die Nachbarn in unserer Straße in Quartflaschen verkaufte, die ich auf meinem Fahrrad austeilte. Während ich auf meinem Klavierschemel saß und Läufe übte, stellte ich mir meine Mutter vor, wie sie auf ihrem Schemel im Kuhstall saß und mit ihren Fingern ebenso rhythmisch an den Zitzen von Daisy zog.

Zwei ihrer Kinder hatten auf diesem Klavier gespielt; ich hatte meine Übungen gespielt, und mein Bruder Edward hatte stets besser nach Gehör gespielt. Als ihre Enkelinnen kamen, wurde das Klavier in deren Haus befördert, damit sie darauf üben konnten. Nun wollte Mutter es all diese Jahre danach wieder unter ihrem Dach haben. In Ordnung! Das Klavier wurde gebracht und am selben Tag gestimmt. Sie bat mich, sofort daran Platz zu nehmen und für sie »The West Virginia Hills« zu spielen. Ich setzte mich nieder und erinnerte mich, wie das Lied ging, und während ich spielte, hörte ich sie es singen – vor sich hin singen, genauso wie sie es früher beim Abwaschen nach dem Abendessen tat:

O the West Virginia Hills!
How my heart with rapture thrills...
O the Hills! Beautiful Hills!...

(O die Berge von Westvirginia!
Wie mein Herz vor Erzücken springt...
O die Berge! Wunderschöne Berge!...)

Dieser Augenblick schien sie zufriedenzustellen. Später versuchte sie, einmal von ihrem Rollstuhl aus selber zu spielen, wobei sie die Finger langsam auf die Tasten legte, die sie nicht sehen konnte. »Ein Bergbewohner«, verkündete sie mir stolz, so als hätte sie mir das vorher nie gesagt und ich sollte es nun besser im Kopf behalten, »wird immer *frei* sein.«

»Jetzt sind wir im Norden«, sagte meine Mutter, nachdem wir die Grenze zwischen Westvirginia und Ohio überquert hatten. »Die Scheunen sind größer als die Häuser. Man kümmert sich hier mehr um die Pferde und Kühe als um –« Sie verzichtete darauf, es auszusprechen.

Die Farm, auf der mein Vater aufwuchs, wo Großpapa Welty und Großmama lebten, lag in Südohio, in den welligen Hügeln von Hocking, nahe der Kleinstadt Logan. Das Haus war ein hübsches, zweigeschossiges, weißgestrichenes Farmhaus mit der schmalen Veranda des pennsylvanisch-deutschen Bezirks. An der Vorderfront wuchsen fedrige Kosmeen und faßförmige Pfingstrosensträucher mit gestreiften, intensiv duftenden Blüten, die sich durch die Blätter hindurchzwängten. Auf der einen Seite lag einen kleinen Weg von der Breite eines Ziegelsteins hinab ein Kühlhaus über einem Brunnen; vor dem Haus war ein Obstgarten mit Apfelbäumen; die Scheune und die Weide und die Mais- und Weizenfelder lagen hinter dem Haus. Periodisch drangen Geräusche von der Scheune heran, und die Krähen waren zu hören; doch alles übrige war still.

Im Haus herrschte, so schien es mir, fast zu jeder Stunde den ganzen Tag über, außer zur Essenszeit, tiefe Stille. Wer immer im Haus war, schien unsichtbar zu bleiben; doch nur deshalb, weil alle geschäftig waren. Im nachhinein glaube ich, daß mein Vater den Zeitpunkt für den Besuch so gewählt hatte, daß er bei der Ernte helfen konnte, und er war gewiß den ganzen Tag draußen sehr beschäftigt. Er ließ meinen Bruder Edward mit sich kommen.

Meine Mutter vergaß auf ihre Art nie den ersten Eindruck von Großvater Welty. Sie war verletzt, als er sie vom Zug im Federwagen und nicht im Buggy abholte. Auf dem ganzen Weg zur Farm fing er keine Unterhaltung mit ihr an. »Doch das war so seine Gewohnheit«, erklärte sie mir Jahre danach. »Er brachte nie viel heraus, bis ich fertig zur Abreise war. Dann an meinem letzten Tag, auf der langen Fahrt zum Bahnhof, hörte er überhaupt nicht auf zu reden. Er redete in einem fort.« Sie waren einander enorm zugetan.

Während unseres Besuches machte er sich, solang noch Tag war, in der Scheune zu schaffen oder ging über die Felder. Er war ein ruhiger, sanfter Mann mit einem prunkhaften Schnurrbart; den Frauen und Kindern im Haus hatte er nicht viel mitzuteilen; wenn er sich niedersetzte, geschah das gewöhnlich auf seiner hölzernen Terrassenschaukel draußen, mit seiner Pfeife und einer Farmkatze auf dem Knie. Ab und an hielt er mich dort fest, und ich durfte das Kätzchen halten.

Meine Großmutter Welty war die Stiefmutter meines Vaters. Meine Mutter sagte manchmal: »Eins will ich über Mutter Welty sagen: Sie macht das beste Brot, das ich jemals in den Mund gesteckt habe.« Das ist wirklich das einzige, was sie über Großmutter Welty gesagt hat, an das ich mich erinnern kann, obwohl sie sich häufig veranlagt fühlte, es zu wiederholen, und sie sagte nie etwas anderes, nachdem die alte Dame gestorben war.

Da jeder Tag in der Woche für eine einzige Aufgabe bestimmt war, erwartete Großmama Welty Gespräche nicht unbedingt. Natürlich erinnere ich mich am besten an die Freitage – die Backtage. Ihre Pies, genug für eine Woche, wurden, wenn sie fertig waren, eine neben die andere wie eine Reihe frecher Gesichter, die uns sagten: »Eins nach dem andern«, zum Auskühlen auf die Fensterbänke in der Küche gestellt.

Wie die Nabe, die den Eßtisch sich drehen ließ, wenn man ihn in Gang brachte, so war ein tulpenförmiges Glas in der Mitte, in dem die blankgeputzten Teelöffel – so viel wie die größte Familie je brauchen konnte – mit Gesicht nach innen und Rücken zu uns standen. Ich glaube nicht, daß dieser Löffelhalter je den Tisch verließ. Sogar im dunklen Eßzimmer, um Mitternacht im schlafenden Haus, stand er dort bereit. Der Duft von all den Brotlaiben und den Reihen von Pies verflog auch nicht leicht. Und im Wohnzimmer, wo die Rollos unten waren, hing der Geruch eines Raumes, der nie benutzt wird, und ging nie weg.

Verglichen mit dem Andrews-Clan, war die Welty-Familie zum Zeitpunkt des ersten Besuches, an den ich mich entsinne, knapp mit Onkeln und Cousinen und älteren Verwandten. Großpapa, Jefferson Welty, war das jüngste von dreizehn Kindern gewesen; doch er ist der einzige, den ich jemals sah. Seine Eltern waren Christian und Salome Welty, frühe Siedler in Marion Township, Hocking Country. Die Weltys waren ursprünglich Deutschschweizer; die ersten, die vor dem amerikanischen Freiheitskrieg in dieses Land kamen, waren drei Brüder, und die gesamte Familie stammt von ihnen ab, soviel ich weiß – es sieht so aus, als ginge das auf die deutsche Märchentradition zurück.

Von meinem Vater habe ich das nicht erfahren: Er erzählte uns eben keine einzige Familiengeschichte. Vielleicht deshalb, weil er so viele Andrews-Geschichten gehört hatte? Ich glaube, es war, wie er sagte, eher deshalb, weil er kein Interesse an alten Geschichten hegte – nur die Zukunft, so sagte er, solle zählen. Auf der anderen Seite war er seinem Vater äußerst ergeben; er besuchte ihn, wann immer er konnte, und schrieb ihm regelmäßig von seinem Schreibtisch zu Hause; während ich aufwuchs, gewöhnte ich mich an die langen Briefumschläge, die in der klaren, sorgfältigen Handschrift meines Vaters adressiert waren: Jefferson Welty, Esquire. Es war die einzige Verwendung, die mein Vater für das Wort »Esquire« hatte; er hob es für seinen Vater auf. Ich hielt »Esquire« für eine Ehrfurchtsbezeugung, und ich glaube, das bedeutete es auch für ihn; wir waren uns immer dessen bewußt, daß Papa ihn liebte.

Ein englischer Welti, der seinen Namen so, mit einem i schrieb, schrieb mir aus Neugier von Kent, nachdem dort eines meiner frühen Bücher erschienen war; er fragte mich nach meinem Namen. Mein Vater, der uns nie etwas erzählt hatte, war verstorben, und dies geschah, bevor meine Mutter sich daran machte, wie sie es später tat, Familienaufzeichnungen zu studieren. Mr. Welti wußte über die ganze Familienschar Bescheid, vom Mittelalter an; wußte von den drei

Brüdern, die sich von der deutschen Schweiz aus in die Neue Welt aufgemacht und sich vor dem Unabhängigkeitskrieg von Virginia aus westwärts über Pennsylvanien, Ohio und Indiana niedergelassen hatten. »Ich nehme an«, schrieb der britische Mr. Welti, »Sie wissen, daß ein glückloser Welty bei Saratoga fiel.«

Der einzige Teil des Briefes, der meinen Vater interessiert hätte, handelte vom Sankt-Gotthard-Tunnel und dem Welty, der das Projekt durchführte. Die Tatsache, daß derselbe Welty siebenmal hintereinander Schweizer Präsident gewesen war, hätte ihn dazu veranlaßt, »Pah!« zu sagen; es war sein energischster Ausruf. (Daß der energischste Ausruf meiner Mutter ebenfalls »Pah« war, nahm diesem für beide ein wenig von seiner Gewaltigkeit.)

Im Wohnzimmer von Großpapa und Großmama stand die Orgel, die sie, wie meine Mutter mir zugeflüstert hatte, lieber nicht gespielt hören wollten. Ich schlich auf Zehenspitzen um sie herum, als schliefe sie. Sie hatte steile, hochgerichtete Pedale; der geblümte Teppich reichte auf sie hinauf, als wären sie Teil des Fußbodens. Wenn man die Orgel öffnete, gab sie einen Geruch ab, der so scharf wie ein Ausruf war, als verstieße das Öffnen gegen gesellschaftliche Sitten, was ich bereits wußte. Ich entmutigte meinen Finger, indem ich eine Taste berührte. Die Taste gab nicht nach. Die gesamte Tastatur widerstand mir, als wäre sie ein Küchentisch; ich nehme an, die Orgel mußte aufgeblasen werden.

Entweder hatte man es mir gesagt oder ich empfand es in diesem Augenblick, daß die Orgel der leiblichen Mutter meines Vaters gehört hatte, die starb, als er ein kleiner Junge war. Und als ich nach meiner Andrews Großmutter Eudora getauft wurde, war ich auch nach dieser Großmutter getauft worden. Mein zweiter Vorname war Alice. Ihr Name war Allie gewesen. Zu spät, nachdem ich bereits getauft war, stellte sich heraus, daß Allie nicht für Alice, sondern für Almira stand. Ihren

Namen hatte man in falschem Andenken gehalten. Ich stellte mir vor, wie sie das aufgenommen hätte. Mir schien, als hätte dies sie zur Waisen gemacht. Das war schlimmer für mich, als wenn ich mir das Sterben hätte vorstellen können.

Barfuß eilte ich auf dem glatten Pfad aus Ziegeln dorthin, wo ich die kühle Luft aus dem Innern des Kühlhauses atmen konnte. Auf einer kalten sprudelnden Quelle schwammen zugedeckte Schüsseln und Kruken und Krüge mit Milch und Butter und anderem kreisförmig wie Pferde auf einem Karussell im sanften Strudel des Wassers, das nach der Minze roch, die in der Nähe wuchs.

Oder ich lief zur Scheune, wo alles, was man berührte, warm war. Großpapas Scheune *war* größer als sein Haus. Die Tore mußten zur Seite geschoben werden. Sie hatten einen Boden aus Brettern wie eine Brücke, die an der Wand und einem weiteren Tor zu Ende war. Die Scheune war voller mit Mobiliar als das Haus – Fässer und Kübel und Kisten und Säcke, alles übereinandergestapelt und nach den verschiedenen Dingen riechend, die darin waren. Hier gab es mehr zu sehen, mehr zu riechen, mehr, auf das man klettern konnte; nichts schien verboten zu sein. Manchmal, wenn das Vieh unten auf der Weide war, konnte ich in der wartenden Stille die trockenen Saatkörner durch meine Finger rieseln hören. Nachdem die Tiere hereingebracht worden waren, schaute ab und an ein Pferdekopf über die Tür seines Stalls. Dann spielte ich in der Nähe, um dem Kopf eine Gelegenheit zu geben, zu mir wie Falada zu sprechen, der weiße Pferdekopf, der im Märchen über das Tor genagelt worden war. Falada sagt zur Gänsemagd, die ihre Gänse hütet: »O du Jungfer Königin, da du gangest, / wenn das deine Mutter wüßte, / ihr Herz tät' ihr zerspringen«. Oben auf dem Heuboden, beim wilden Herumhüpfen im frischen Heu, entwischte ich durch ein Loch auf dieselbe Weise, wie das Heu verschwand, wenn es nach unten in den Trog geworfen wurde, und der Trog fing mich richtig auf. Mein Bruder Edward, der oben keinen Sprung auslieB, wuBte nicht einmal, daB ich verschwunden war.

Ein alter Buggy, der im Dunkel der Scheune stand, diente Hühnern als Nistplatz. Im blitzenden schwarzen Buggy daneben, der oben mit Fransen besetzt war, fuhr Großpapa uns zur Kirche. Er erlaubte es mir, zwischen seinen Knien zu stehen und die Zügel zu halten, obwohl ich nicht über den zu geschäftigen Schwanz des Pferdes hinwegsehen konnte, wohin wir fuhren. Doch indem ich auf dem Rücksitz stand und hinten durch das Guckfenster linste, konnte ich sehen, wo die schmalen Räder an regnerischen Sonntagen den Weg in Schokoladenriegel zerschnitten. Sonntags hörte ich Großpapas Stimme häufiger als sonst, denn er sang im Chor; ja, Großvater leitete den Chor.

Am Ende des Tages gab es in Großvaters Haus wenig Unterhaltung, und Geschichten wurden keine erzählt, nicht einmal zum erstenmal. Manchmal saßen wir einfach alle da und hörten der Spieldose zu.

Man zog eine Zahnstange aus dem Musikwerk heraus und konnte sehen, daß sie glänzende Metallscheiben hielt, groß wie silberne Servierteller mit gezahnten Rändern und winzigen eingestanzten Löchern in der Form von Dreiecken oder Sternen, wie auf den Schnittmustern aus Seidenpapier, mit denen meine Mutter die Stoffe für meine Kleider zuschnitt. Wenn die Scheiben zu rotieren begannen und sich mit den kleinen Zähnen Halt verschafften, entstand eine merkwürdige geläutähnliche Musik.

Ihre Klänge hatten nichts mit denen von »His Master's Voice« gemein, die wir zu Hause hören konnten. Sie waren dünn und metallen und nicht ganz im Takt – mehr so, als wären die Löffel im Löffelgefäß unter sich leise in Unruhe geraten. Gleich welches Lied gespielt wurde, es war stets langsam und unnahbar, als spielte die Spieldose etwas, das ich so gut wie beispielsweise »Believe Me If All Those Endearing Young Charms« kannte, aber nicht wollte, daß ich es erkannte. Das Lied schien das Wohnzimmer von weither zu erreichen. Es hätte auch das Geräusch sein können, das durch die Zimmer und die Treppen hinauf und hinab nachts in unserem Haus in Jackson ertönte, während wir alle hier in Ohio waren, zu weit von zu Hause entfernt, um die Uhr in der Diele unten hören zu können. Während wir dort am geöffneten Fenster zuhörten, gingen die Blüten der Mondwinde langsam auf, und das Lied ging weiter, wie eine Drahtfeder sich langsam, langsam streckt und dann einfach damit aufhört. Musik und Mondwinden waren vielleicht so aufeinander abgestellt, daß sie sich gemeinsam bewegten.

Ich konnte mir meinen Vater, wenn er als Erwachsener zugegen war, in diesem Hause nicht als Kind vorstellen, so ernst wie er auf der Daguerrotypie ausschaute, mutterlos mit seiner blonden Ponyfrisur und mit den schweren kleinen Schuhen auf einem Fuß sitzend. Heute lausche ich oder schaue ich zurück mit demselben Wunsch, es mir vorzustellen, und es erscheint möglich, daß der Klang dieser spärlichen Musik, so leise und unheimlich für meine Kinderohren, die Stimme war, die er in der Stille der Landschaft als einziges Kind inmitten so vieler älterer Menschen besessen hatte und die zu ihm sprach. Für mich war sie der Laut einer unaussprechlichen Einsamkeit, von dem ich nicht fortzulaufen wußte. Ich war dort in seiner Gesellschaft und sah zu, wie die Mondwinde aufging.

Erst nach seinem Tode sah ich ein kleines Andenkenbuch, das meinem Vater in frühester Kindheit geschenkt worden war. Auf einer Seite war eine Mitteilung von der Länge eines Satzes, die seine Mutter ihm am 15. April 1886 geschrieben hatte: »Mein lieber Webbie: Ich möchte, daß Du brav bist und mich im Himmel triffst. Deine Dich liebende Mutter.« Webb war sein zweiter Vorname – ihr Mädchenname. Sie nannte ihn stets bei diesem Namen. Mein Vater war sieben Jahre alt, ihr einziges Kind.

Er hatte andere Mitteilungen in seinem kleinen Buch, um sie zu bewahren und sich wieder und wieder vorzulesen. »Mag Dein Leben, obschon kurz, angenehm sein / Wie ein warmer und zerrinnender Tag« ist von »Dr. Armstrong«, und da diese der Mitteilung seiner Mutter folgt, mag sie am selben Tage eingetragen worden sein. Eine weitere lautet: »Lieber Webbie, wenn Gott Dir ein Kreuz schickt, heb es bereitwillig auf und folge Ihm. Wenn es leicht ist, schätze es nicht gering ein. Wenn es schwer ist, murre nicht. Nach dem Kreuz folgt die Krone. Deine Tante, Nina Welty.« Diese Eintragung ist früher datiert – er war damals drei. Der Einband des kleinen Buches ist rot, und kleine Enten, die aus einem von Winden umschlungenen Korb herausfallen, sind hineingeprägt. Er ist sehr durchgescheuert und abgegriffen. Das Buch war ihm geschenkt worden, damit er es aufbewahrte, und das tat er auch; er hatte es mit seinem Besitz nach Mississippi gebracht, als er heiratete; meine Mutter hatte es beiseite gelegt.

Im Farmhaus war die Treppe nicht eher zu sehen, bis die Abendgebete vorüber waren – dann war es Zeit, zu Bett zu gehen, und eine Tür in der Küchenwand wurde geöffnet, und da war dann die Treppe, als würde sie in einem Schrank versteckt aufbewahrt. Sie war steil und schmal wie eine Leiter, die wir auf unserem Weg ins Bett erklommen. Beim emporkletternden Licht der Öllampe, die Großvater selbst hinter mir trug, wurde eine Stufe nach der anderen für mich in dem Moment sichtbar, in welchem ich sie erreichte.

Zurück in der Congress Street eilte ich, wenn mein Vater die Tür unseres verschlossenen, wartenden Hauses aufsperrte, voraus in die luftarme Diele und stürmte die Treppe hinauf; dabei klopfte ich mit beiden Händen auf den Teppich jeder Stufe vor mir und steckte mein Gesicht in die Wolke des süßen Staubs unserer Abwesenheit. Ich hieß uns selbst willkommen. Ähnlich, nur methodischer, ging mein Vater von Zimmer zu Zimmer und zog alle Uhren wieder auf.

Ich denke heute, indem ich auf diese Sommerfahrten – auf diese Fahrt und eine Reihe anderer später, im Auto und mit dem Zug – zurückblicke, daß ein weiterer Aspekt an ihnen meine Gedanken beeinflußt haben muß. Die Fahrten waren in sich abgeschlossen. Sie waren Geschichten. Nicht nur in ihrer Form, sondern indem sie eine Richtung wiesen, Bewegung, Entwicklung und Veränderung durchliefen. Sie veränderten etwas in meinem Leben: Jede Fahrt bot ihre besondere Offenbarung, obwohl ich dafür keine Worte zu finden vermocht hätte. Doch im Verlauf der Zeit konnte ich auf sie zurückblicken und sehen, daß sie mir Neuigkeiten, Enthüllungen, Vorgefühle, Versprechen brachten – das kann ich immer noch; sie tun es immer noch. Als ich dann zu schreiben begann, war die Kurzgeschichte die Form, die sich bereits herausgebildet hatte und in meinem Hinterkopf wartete. Ebensowenig ist es für mich verwunderlich, daß ich bei meinem ersten Versuch, einen Roman zu schreiben, dessen Welt – die Welt des rätselhaften Yazoo-Mississippi-Deltas – als Kind, das dorthin im Zug reist, betrat: »Von der warmen Fensterbank aus glühten die endlosen Felder wie ein Kamin im Feuerschein, und Laura, die auf ihre Ellenbogen gestützt und mit dem Kopf zwischen den Händen hinausschaute, fühlte, was ein Ankömmling in einem Land fühlt – jenes langsame, laute Schlagen in der Brust.«

Die Ereignisse in unserem Leben geschehen in zeitlicher Abfolge, doch hinsichtlich ihrer Bedeutung für uns finden sie ihre eigene Reihenfolge: einen Zeitplan, der nicht notwendigerweise – womöglich gar nicht – chronologisch ist. Die Zeit, wie wir sie subjektiv kennen, ist häufig die Chronologie, der Erzählungen und Romane folgen: Es ist der ununterbrochene Faden der Enthüllung.

III Eine Stimme finden

Ich hatte den Fensterplatz. Neben mir überprüfte mein Vater die Fahrt unseres Zuges, indem er seinen Finger den Fahrplan hinunterbewegte und den Deckel seiner Taschenuhr aufspringen ließ. Er erklärte mir, was die Stellung der Arme des Signalmastes bedeutete; bevor wir über eine Weiche fuhren, beobachteten wir, wie die Signallichter wechselten. Entlang der Strecke konnte man die Meilenpfosten lesen; er las sie. Genau pünktlich nach meines Vaters Uhr kam rasch die nächste Stadt in Sicht und war ebenso rasch verschwunden.

Nebeneinander und getrennt verlor jeder von uns sich in das Erlebnis, nichts zu versäumen, alles zu sehen, jedesmal zu wissen, was das Pfeifen des Zuges bedeutete. Doch es war freilich nicht dasselbe Erlebnis: Was für mich, nicht älter als zehn, neu war, war für ihn Landmarke. Mein Vater kannte jede Meile unseres Weges; bei Tag oder bei Nacht wußte er, wo wir waren. Alles, was sich in der dahinfliegenden Landschaft unter unseren Augen veränderte, war für ihn die bekannte Welt, für mich die Phantasie. Jeder von uns hungerte auf seine Weise nach all dem: Mein Vater und ich waren in keiner anderen Hinsicht oder Situation so geistesverwandt.

In Papas lederner Reisetasche war sein zusammenklappbarer Reisetrinkbecher; ein Deckel, der darauf paßte, hatte einen Ring, an dem man ihn tragen konnte; er reiste in einer runden Lederschachtel mit. Dieser Schatz wurde gewöhnlich auf mein Bitten hin hervorgeholt, damit ich ihn zum Wasserkühler am Ende des Pullman-Wagens tragen, ihn bis zum Rand füllen und zu meinem Platz zurücktragen konnte, um über seinen weichen Rand hinweg Wasser zu trinken. Der Geschmack von Silber bedeutete fast immer einen Schock für die Zähne.

Nach der Mahlzeit im funkelnden Speisewagen gingen mein Vater und ich zur offenen Beobachtungsplattform am Ende des Zuges und setzten uns in Klappstühle, die am Geländer standen. Wir sahen zu, wie die Funken, die wir machten, hinter uns in die Nacht hineinflogen. Unser Tempo ließ uns genug Zeit, die rosarot glühenden Kohlestückchen, jedes für sich, zu Asche vergehen und aus unserer Sicht schwinden zu sehen. Manchmal schien in einem weit entfernten in den leeren Bergen gelegenen Haus ein Licht, das nicht größer als ein Stern war. Die schlafende Landschaft selbst schien einen Weg für unsere Durchreise zu öffnen und ihn dann wieder hinter uns zu schließen.

Der schwankende Schlafwagenschaffner machte unsere Betten für die Nacht fertig; er zog das Springrollo richtig herunter, spannte die Fischnetz-Hängematte am Fenster entlang, so daß die Kleidungsstücke, die man auszog, neben einem mitfahren konnten; er klappte das straff bespannte Bett herunter, stellte die beiden schneeweißen Kopfkissen so hoch auf, wie sie breit waren, knipste das Auge der Leselampe an, setzte den elektrischen Ventilator in Gang – plötzlich konnte man sehen, wie seine Blätter sich in Gaze verwandelten, und ihren Insektenlaut vernehmen; das Ganze zog er mit zwei dicken grünen, theaterähnlichen Vorhängen, die sich aufbauschten und nach Zigarrenrauch rochen, zu; zwischen diesen konnte man hindurchkriechen oder kopfüber hindurchtauchen, um sie von innen zuzuknöpfen und in der Nacht nicht mehr gesehen zu werden.

Wenn man eingeschlafen und eingepackt mit dem Kopf auf einem Kissen parallel zur Strecke dalag, drückte der Rhythmus vom Klicken der Schienen fester auf den Körper als das schlagende Herz, doch das Geräusch der Lokomotive schien von weiter weg zu kommen als bei Tage. Das Pfeifen des Zuges war fast zu weit weg, um gehört zu werden; der Schall kam schwankend von der Lokomotive über die Wagendächer. Auf was man horchte, war das unterschiedliche Geräusch, das unter einem verlief, wenn der eigene Wagen über einen Auflagebock fuhr; dann ein anderes Geräusch über einer Eisenbahnbrücke; eine niedrige oder eine hohe Brücke – jede besaß ihre Tonhöhe oder ihren Trommelschlag für den Wagen, in dem man war.

Das rhythmische Fahren im Schlafwagen wiegte mich in den Schlaf und weckte mich auf. Plötzlich aufgeweckt, hob ich von Zeit zu Zeit mein Rollo hoch und blickte hinaus auf meinen Streifen der Nacht. Manchmal schien unerwartetes Mondlicht draußen. Manchmal verlief der Schatten unseres Zuges, mit unserem Wagen und mir sichtbar darin, tief unten und überquerte mit uns bei Mondenschein einen Fluß. Manchmal weckten die vordringenden Wände der Berge mich auf, indem sie an meine Ohren pochten. Die Tunnel ließen das Durchfahren des Zuges wie das »laut«-Pedal eines Pianos klingen – ein Donnern, das so lang wie der Wutanfall eines Riesen anzuhalten schien.

Doch mein Vater fügte alles in den Rahmen der Regelmäßigkeit, der Voraussagbarkeit; das war seine väterliche Gabe während unserer Reise. Ich sah sie im Nu vorüberfliegen, die Außenwelt. Ich träumte von dem, was ich, während sie vorbeizog, zu sehen vermochte, ebenso wie von dem, was ich nicht sehen konnte. Ein Teil des Traums handelte davon, was jenseits lag, wo der Pfad durch die Weidefläche verlief, der rote Lehmweg anstieg und über den Berg führte oder abbog und von Bäumen verdeckt war oder zu einem Fluß führte, dessen Brücke ich sehen konnte, dessen Namen ich jedoch nie gekannt hatte. Die Rückseite eines Hauses, die in einiger Entfernung bei Nacht Licht durch eine offenstehende Türe warf; die morgendlichen Gesichter der Kinder, die bei dem, was sie gerade taten, die vielleicht Brombeeren oder wilde Pflaumen pflückten, innehielten und zuschauten, wie wir vorbeifuhren – ich sah so etwas nie mit dem Gedanken, daß es noch genauso vorhanden sein könnte, nachdem wir außer Sicht waren. Für den Augenblick und für eine lange Zeit danach bewegte ich mich in der Phantasie vorwärts.

Viel später – nachdem er tot war, ja zu einem Zeitpunkt, wenn wir so häufig grundlegende Dinge über unsere Eltern erfahren – erfuhr ich, wie gut ihm tatsächlich die Reise vertraut war und wie es dazu gekommen war. Er verliebte sich in Westvirginia in meine Mutter und sie sich in ihn, als sie Lehrerin in den Bergschulen nahe ihrem Hause und er ein junger Mann aus Ohio war, der nach Westvirginia gegangen war, um im Büro einer Holzbaufirma zu arbeiten. Als sie sich zur Heirat entschlossen, betrachteten sie es als Teil des Abenteuers, ein neues Leben zu beginnen, an einen Ort zu gehen, der weit entfernt lag und für sie beide neu war, und dieser stellte sich als Jackson, Mississippi, heraus. Vom ländlichen Ohio und Westvirginia aus mußte das 1904 so weit entfernt erschienen sein, wie Bangkok jungen Menschen heute vorkommt. Mein Vater reiste hin und bekam eine Anstellung in einer neuen Versicherungsgesellschaft, die gerade in Jackson gegründet worden war. Es war die Lamar Life. Er erhielt fast umgehend eine Beförderung; er wurde zum Schriftführer und zu einem der Direktoren ernannt, und er blieb für den Rest seines Lebens bei der Gesellschaft. Als erstes machte er sich daran, ein Haus in Jackson zu finden, einer Stadt von sechs- oder achttausend Menschen, in dem sie wohnen konnten, bis sie ein eigenes Haus zu bauen imstande waren. Während der Verlobungszeit fuhr er die tausend Meilen, um meine Mutter zu besuchen, wann immer er es sich erlauben konnte. Für den Rest der Zeit – jeden Tag und manchmal sogar zweimal täglich – schickten die beiden sich gegenseitig mit demselben Zug Briefe.

Ihre Briefe waren alle von jenem großen Aufbewahrer, meiner Mutter, aufbewahrt worden; sie waren in einem der Schrankkoffer auf dem Speicher – dem Koffer, der gewöhnlich auf unseren Sommerreisen nach Westvirginia und Ohio mit uns im Zug mitreiste. Am Ende kam ich mir nicht wie ein Eindringling vor, als ich schließlich die Briefe öffnete: Sie ließen meine Eltern zum erstenmal vor mir als jung, unerfahren, als von der Kraft ihrer Hoffnungen und Wünsche verzehrt, als von diesen Briefen *lebend* erstehen. Ich hätte die Stimme meiner Mutter überall in diesen Briefen erkannt. Die meines Vaters indes hätte ich nicht so rasch erkannt. Um die Meilen zwischen ihnen auszulöschen – die Meilen, die ich jenes erste Mal im Zug mit ihm mitreiste – jene Meilen, die er fast völlig auswendig kannte, schrieb er jeden Tag häufiger als irgend jemand sonst und versandte seine Briefe direkt zum Postwagen – Briefe, die so leidenschaftlich, so direkt und zärtlich im Ausdruck, so dringlich sind, daß sie mir zusammen mit seiner Liebe den Rest seines gesamten Lebens entblößen.

Im Zug sah ich jene Welt an meinem Fenster vorüberziehen. In dem Augenblick, als ich schließlich erkannte, daß ich es war, der vorüberzog, war meine ichzentrierte Kindheit zu Ende. Doch erst als ich zu schreiben begann, was ich ernsthaft erst mit zwanzig tat, fand ich, daß die Welt draußen offenbarend ist; denn – und das trifft auch auf meinen Vater zu – die *Erinnerung* haftet dem Sehen an, Liebe hatte sich dem Entdecken zugesellt, und ich erkannte in meinem anhaltenden Verlangen weiterzumachen die Notwendigkeit in mir, die Dinge zu wissen – zunächst Besorgnis und dann Leidenschaft, mich damit zu verbinden. Durchs Reisen wurde ich mir erstmals der Außenwelt bewußt; durchs Reisen fand ich meinen eigenen introspektiven Weg dahin, ein Teil davon zu werden.

Das heißt freilich nicht mehr als einfach, daß die Außenwelt ein unerläßlicher Bestandteil meines Innenlebens ist. Meine Arbeit, so wie ich diese sehe, entspricht von ganzem Herzen der Welt so wie ihr heimlicher Teilhaber. Meine Vorstellungsgabe nimmt ihre Kraft und lenkt ihre Richtung von dem, beziehungsweise durch das, was ich von meiner lebenden Welt sehe und höre und erfahre und fühle und woran ich mich erinnere. Doch ich lernte sehr langsam, daß diese beiden Welten, die äußere und die innere, so verschieden von dem waren, was sie mir anfänglich zu sein schienen.

Das beste College im Bundesstaat war höchstwahrscheinlich dasjenige mit Fächern der philosophischen Fakultät hier in Jackson; doch ich war von dem Wunsch erfüllt, fortzugehen und eine Schule zu besuchen, an der ich nie auf der Straße vorbeigekommen war. Meine Eltern glaubten, ich sei mit sechzehn zu jung, um in meinem ersten Jahr auf dem College zu weit von zu Hause weg zu sein. Das Mississippi State College für Frauen war ausreichend akkreditiert und lag zweihundert Meilen nördlich.

Dort landete ich in einer eigenen Welt, und in der Tat war alles neu für mich. Mit zwölfhundert Mädchen strebte ich vorwärts. Sie kamen aus allen möglichen Ecken des Bundesstaates – vom Delta, den Kiefernwäldern, der Golfküste, der schwarzen Prärie, den roten Lehmbergen und aus Jackson – als der Hauptstadt und der einzigen größeren Stadt, einer eigenständigen Region. Es waren zu der Zeit alles klar differenzierte Bezirke, und obschon wir alle in marineblaue Uniformen gesteckt wurden, damit wir gleich waren, hätte man vom Akzent der Mädchen, aus der Art, wie sie sich gaben, ins Klassenzimmer kamen oder aßen, darauf schließen können, wo sie aufgewachsen waren. Das war meine erste Gelegenheit zu erfahren, wie wir insgesamt waren und welche Unterschiede es hinsichtlich Herkunft, Überzeugung und Charakterveranlagung unter den Mississippianern gab – eigentlich nur unter der Hälfte, denn wir waren alle Weiße. Mir entging die Bedeutung dessen, was innerhalb und was außerhalb unserer wohlumschlossenen, jedoch pulsierend lebendigen Gesellschaft war. Was nie ausreichte, war das Geld für Erziehung seitens der gesetzgebenden Körperschaft, und was es immer gab, war eine Fakultät, welche die Erziehung als Kunststück bewerkstelligte. Das Mississippi State College für Frauen, die älteste Institution dieser Art, war von Armut geplagt, war gewaltig überfüllt und bewegte sich in der Tradition, die wir alle in Mississippi gewohnt waren; unterrichtet wurde dort gewissenhaft und gewöhnlich gut durch hingebungsvolle Fakultätsmitglieder, die dort lebten und alt wurden.

Es war ein Leben in der Herde. An regnerischen Morgen kämpften wir darum, unsere Post vom Postschalter im Untergeschoß abzuholen, und waren dabei umgeben von Mädchen, die dort ein Fangreifenspiel übten, wo die Turnlehrerin ihre erste Klasse hatte hinbringen müssen. Im Wettstreit mit Mädchen, die über ihren Briefe schrien und Lebensmittelpakete auspackten, konnte sogar das beim Turnunterricht eingesetzte Klavier nicht mithalten. Wenn wir uns alle zur Pflichtandacht versammeln mußten, wurden ein oder zwei kleine, zerbrechliche, unterernährte Studentinnen ohnmächtig – wir mußten eine fünfzehn Minuten lange »Alma Mater« singen.

Old Main, das Wohnheim, in dem ich lebte, war 1860 erbaut worden. Es war mit Erstsemestern vollgepackt; drei, vier oder ein halbes Dutzend kamen manchmal auf ein Zimmer; es reichte vier steile Holztreppen nach oben. Die Kapellenuhr, die ganz in der Nähe die volle Stunde schlug, ließ die Betten unter uns erzittern. Es war Brauch, die Feuerleiter zu benutzen, um zur Klasse zu gehen und nachts vor dem Zubettgehen für ein paar Minuten nach draußen zu schlüpfen.

Es war eine dieser Feuerleitern, die aus Steigrohren gefertigt sind und eine Blechrutsche haben, die mitten hindurch verläuft – alles Korkenzieherwindungen von oben bis unten, mit Aussparungen entlang des Verlaufs, wo Mädchen bei Feuerübungen auf den verschiedenen Stockwerken herausströmen konnten; am Ende war ein Loch, durch das man auf den Boden ausgeworfen wurde, während sich einem im Kopf noch alles drehte.

Es erschien unmöglich, allein zu sein: Nur Musikstudentinnen hatten es besser. An einem Frühlingsabend konnte man eine von ihnen in einem Übungsraum im Musikgebäude hören, wie sie nach Herzenslust bei geöffnetem Fenster spielte. Es war meist irgend etwas wie »Pale Hands I Loved Beside the Shalimar« – sie stellte sich natürlich vor, daß das, was sie in die Luft schickte, von jemand anderem war, der dieses Lied für sie sang. Ein anderes Mal, wenn ein merkwürdiges Lied in tiefen gutteralen Tönen und schleppendem Fortgang, der sich dramatisch zu einem Crescendo steigerte, später aus demselben Fenster zu hören war, sagten wir Erstsemester uns gegenseitig, daß dies Miss Pohl, die sensationelle Turnlehrerin, mit den fliegenden grauen Haaren, sei, die, wie wir gehört hatten, in Rußland geboren und vor Jahren in der Liebe enttäuscht worden war. Sie mochte tatsächlich in der Liebe enttäuscht worden sein, doch sie war wie wir aus Mississippi.

Kurz vor dem Zubettgehen gab es eine Möglichkeit, die Feuerleiter hinunterzugleiten und, ehe alle Türen einem den Rückweg verschlossen, zum eisernen Brunnen auf dem Collegegelände zu laufen und um ihn herumzugehen, den Kopf voller Gedichte. Ich hatte das erste Buch für mein Bücherregal im College-Buchladen gekauft; es war *In April Once* von

William Alexander Percy, unserem bedeutendsten Missis-
sippi-Lyriker. Das erste Gedicht darin war aus New York geschrieben worden und trug den Titel »Home«.

I have a need of silence and of stars.
Too much is said too loudly. I am dazed.
The silken sound of whirled infinity
Is lost in voices shouting to be heard...

(Ich brauche die Stille und die Sterne.
Zu viel wird zu laut gesagt. Ich bin benommen.
Das sanfte Geräusch der herumwirbelnden Unendlichkeit
Verliert sich in Stimmen, die schreien, damit sie gehört wer-
den...)

Da, wo ich in dem Moment ging, in der kleinen Stadt Columbus und mehr noch bei Nacht innerhalb der Eisentore eines
College-Geländes, wo sich nun alle zur Ruhe begaben, und
während ich mir das Gedicht aufsagte, war um mich herum
nichts als Stille und Sterne. Das beeinflußte nicht mein Seh-
nen. In der wunderbaren Frühlingsnacht hatte ich mich ganz
dem verschrieben, eine wunderbare Frühlingsnacht *erleben*
zu wollen. In sie *hineingerissen* zu sein – das war es, was ich
wollte. Egal wovon ein Gedicht handelte – daß es den Titel
»Horne« tragen konnte, spielte keine Rolle –, es handelte stets
von einem anderen Ort, irgendwo weit entfernt.
   Ich hatte das große Glück, gleich am Anfang für mich einen
»Panzer« zu finden, den eines Erstsemesterreporters bei
unserer College-Zeitung, *The Spectator*. Auf beschränkte
Weise entwickelte ich mich zum geistreichen Kopf und Humoristen, und das Ausmaß, in dem ich durch Gedrucktes an-
zugeben vermochte, muß für mich ein großer Trost gewesen
sein. (Ich sah The Bat und schrieb »The Gnat«, eine Erzählung, die im Mississippi State College für Frauen spielte. Die

123

Mücke (the gnat) verkleidet sich mit unserer Turnuniform –
ein marineblauer Einteiler aus Sergestoff mit Faltenpump-
hose, die bis zu den Knien reichte, und weiße Tennisschuhe –
und dringt Stunden später durch die College-Bibliothek ein;
unsere Bibliothekarin fängt bei den ersten Worten der Mücke,
»Beulah Cumbertson, I have come for those fines« (Beulah
Cumbertson, ich bin wegen der Geldbußen gekommen), zu
schreien an.) Ich war eine eifrige Leserin von S. J. Perelman,
Corey Ford und anderen Humoristen, die im *Jude*-Magazin erschienen, und ich hatte mir vorgestellt, daß ich mit diesen als
Sprungbrett zu schwimmen imstande war.

Nachdem große Wasserfluten den Bundesstaat heimge-
sucht hatten und Columbus vom Tombigbee überschwemmt
worden war, steuerte ich für die *Spectator*-Ausgabe zum ersten April einen Leitartikel bei. Dieser beklagte, daß fünf
unserer Erstsemesterklassen ertranken, als das Wasser anstieg; doch durch diesen Akt Gottes, so fuhr der Artikel fort,
gäbe es nun mehr Platz für den Rest von uns. Jahre später erzählte mir ein Zeitungsmensch aus Columbus, in dessen
Druckhaus unsere Zeitung hergestellt wurde, daß H. L.
Mencken diesen Muckser von mir für *The American Mercury*
als Beispiel für die Denkweise des Bible Belt ausgewählt hatte.
Doch durch Zufall hatte ich im Haus einer Studentin aus der
Stadt meinen ersten Intellektuellen getroffen. Innerhalb weniger Augenblicke hatte er mir *Candide* geliehen! Es war eben
herausgekommen – das erste Buch der Modern Library (ich
glaube das allererste) – dieses kleine Buch, mit dem le-
derähnlichen Einband, der sich, während man las, wärmer als
die Haut erwärmte. Auch auf Voltaire konnte ich mich beru-
fen.

Doch meine wichtigste Lektion lernte ich im Klassenzimmer.

Mr. Lawrence Painter, der einzige Lehrer am College, verbrachte sein Leben damit, die Mädchen des Mississippi State

College für Frauen in ihrem zweiten Jahr durch den »Englischen Überblick« zu führen, von »Summer is y-comen in« bis »I have a rendezvous with Death«. Zu meiner Zeit war er ein gutaussehender, gelehrter Mann mit sandfarbenem Haar – natürlich auf dem Campus äußerst beliebt –, und er schaffte es, daß alle augenblicklich still waren, wenn er das Buch aufschlug und damit begann, uns laut vorzulesen.

Im ersten Englischkurs auf der High-School hatten wir »Whan that Aprille with his shoures soote...« auswendig gelernt, was als Lyrik genauso fremdartig für unsere Ohren war wie »Arma virumque cano...« Ich war der Unmittelbarkeit von Lyrik unvorbereitet begegnet.

Einen ähnlichen Schock empfand ich ein Jahr danach an der Universität von Wisconsin, als ich in mein Kunstseminar kam und anstelle der Schale mit Obst und der Glasflasche und des Ingwerglases, die ich als Stilleben am Mississippi State College für Frauen zu zeichnen pflegte, einen wirklichen Menschen sah. Während wir an unseren Staffeleien Platz nahmen, ließ eine junge Frau leichthin ihren Bademantel fallen und stand vor uns und ein wenig erhöht da, wobei sie sich in voller Größe und nackt völlig beherrscht gab. Während Mr. Painter vorlas, kam in dem Jahr im Überblickskurs häufig Poesie in den Raum, wo wir sie ansehen und von allen Seiten betrachten konnten – freistehende Poesie. Während wir zuhörten, war auch Mr. Painter ein Lebensunterricht.

Nachdem ich im vorletzten Jahr vor meiner Graduierung an die Universität von Wisconsin wechselte, machte ich an diesem fernen, neuen Ort eine Entdeckung, die seither mein Leben genährt hat. Ich drücke ein wenig von meiner Erfahrung in einer Erzählung aus, die ziemlich neu und noch nicht abgeschlossen ist. Es ist die Geschichte eines nicht mehr ganz jungen Mannes, der von einer Farm im Mittleren Westen gekommen war; als Lehrer für Linguistik ist er wortkarg und unglücklich und hat nun einen kritischen Punkt in seinem Leben erreicht. Die Ereignisse spielen in New Orleans; er und eine Frau machen nachts einen Spaziergang (eigentlich verabschieden sie sich), und er spricht zu ihr zum erstenmal ohne Vorbehalt über sich.

Er hatte sein Studium an der Universität von Wisconsin absolviert, und er sagt ihr:

»Und ich entdeckte zufällig Yeats, als ich mich durch einige Stapel in der Bibliothek durchlas. Ich las die frühen und dann die späten Gedichte alle am selben Nachmittag und stand dabei aufrecht am Fenster... Ich stand zwischen den Regalen und las »Sailing to Byzantium«, las es beim Licht des fallenden Schnees. Mir schien es, sofern ich mich nur rühren, bewegen könnte, um den nächsten Schritt zu tun, daß ich imstande wäre, in das Gedicht hineinzugehen, genauso wie ich nach draußen in den Schnee zu gehen vermochte. Als würde es auf meine Schultern fallen. Als würde es auf seinem Weg nach unten auf mich niederprasseln – als könnte ich mich in ihm bewegen, in ihm leben – als könnte ich gar in ihm sterben. Deshalb mußte ich es danach *lernen*«, sagte er. »Und ich sagte mir, ich würde es tun. Ich würde die Einladung annehmen.«

Das Erlebnis, das ich in der Erzählung beschreibe, war tatsächlich mein eigenes gewesen, mit Schnee und allem anderen; das Gedicht, das mich als erstes überwältigte, war »The Song of Wandering Aengus«; es war das Gedicht, das ungefähr fünfzehn Jahre später in meinen Erzählungen in *The Golden Apples* auftauchte und sich durch das ganze Buch zieht.

Schließlich lernte ich in Wisconsin auch das Wort für dasjenige, auf das ich beim Lesen von Yeats gestoßen war. In seiner Vorlesung über Swift und Donne benutzte Mr. Ricardo Quintana es in dessen wahrer Bedeutung und Tragweite. Das Wort heißt *Passion*.

Meine Mutter war es, die mich emotional und einfallsreich in meinem Wunsch bestärkte, Schriftstellerin zu werden. Mein Vater war es, der mir mein erstes eigenes Wörterbuch, einen College-Webster, schenkte; auf dem Vorsatzblatt war als Inschrift mein voller Name (er gebrauchte auch immer Alice, meinen zweiten Vornamen, nach seiner Mutter) mit dem Datum: 1925. Ich schlage noch immer in ihm nach. Er war es auch, der Bedenken darüber ausdrückte, daß ich als Schriftstellerin keinen finanziellen Erfolg erzielen würde – eine vernünftige Befürchtung; gleichwohl stattete er mich mit meiner ersten Schreibmaschine, meiner kleinen roten Royal Portable, aus, die ich zur Universität von Wisconsin mitnahm. Er war es auch, der mir riet, weiterzumachen und mich zu versuchen, nachdem ich ihm erzählt hatte, ich beabsichtige, weiterzuschreiben, obwohl ich nicht erwartete, meine Erzählungen an die gut bezahlende *The Saturday Evening Post* zu verkaufen – doch er riet mir auch, mich darauf einzustellen, meinen Lebensunterhalt auf andere Weise zu verdienen.

Meine mich unterstützenden Eltern hatten bereits äußerst bereitwillig zugestimmt, daß ich in meinen beiden letzten Collegejahren weiter von zu Hause fortging, und mich nach Wisconsin geschickt – es war die Wahl meines Vaters wegen des bedeutenden Rufs in den geisteswissenschaftlichen Fächern. Nun, da ich dort mein Studium abgeschlossen hatte, schickten sie mich zu dem Ort meiner ersten Wahl, um mich auf eine Anstellung vorzubereiten: New York City, an die Columbia University Graduate School of Business. (Genauso sicher, wie ich war, daß ich Schriftstellerin werden wollte, war ich auch, nicht Lehrerin werden zu wollen. Mir mangelte es am Sinn fürs Unterweisen, an der Selbstlosigkeit, der Geduld fürs Unterrichten, und ich hatte das unsinnige Gefühl, daß ich gefangen sein würde. Das Komische ist, als ich schließlich meine Erzählungen schrieb, war die Liste meiner Figuren, die Lehrerinnen waren, die längste. Sie sind meist meine Heldinnen.)

Mein Vater erwähnte es nicht, doch ich wußte freilich, daß meine Entscheidung, schreiben zu wollen, ihm noch aus einem anderen Grund Sorgen machte. Obwohl er viel las, war er kein Freund von Erzählliteratur, weil Erzählliteratur nicht wahr ist, und wegen dieses Mangels war sie immer minderwertiger als Fakten. Wenn das Lesen von Erzählliteratur Zeitvergeudung war, so war es das Verfassen nicht minder. (Warum, so frage ich mich, zählte Humor gar nichts? Wodehouse, um nur einen zu nennen, den wir beide mochten, war ein makelloser Erzähler.)

Doch ich vermochte ihm nicht rechtzeitig zu zeigen, was ich konnte, um von ihm zu hören, welches Urteil er daraus über meine Bemühungen ableitete.

Mein Vater hatte sich außerordentlich mit dem Bau des neuen Lamar-Life-Bürogebäudes in der Capitol Street befaßt, das 1925 fertiggestellt wurde – »das erste Hochhaus in Jackson«. Es ist ein feiner, imponierender gothischer Bau aus weißem Marmor, dreizehn Stockwerke hoch und mit einem Glockenturm oben darauf. Wie es mein Vater von dem Architekten aus Fort Worth verlangt hatte, war das Gebäude so entworfen worden, daß es zur episkopalen Gemeindekirche, die gleich daneben stand, und der Villa des Gouverneurs, die ihm auf der anderen Straßenseite gegenüberstand, paßte. Der Architekt machte ihm mit seinen Wasserspeiern eine Freude: Die Steinverzierungen des Haupteingangs hatten die Form von Alligatoren, so war auch die Verbindung mit Mississippi hergestellt.

In jedem Baustadium nahm Papa gewöhnlich sonntags morgens seine ganze Familie mit, damit wir so viel sehen konnten, wie wir zu erklettern vermochten. Schließlich konnten wir über die Feuerleiter bis zur Spitze hinaufsteigen. Wir standen auf dem Dach, mit dem noch nicht funktionierenden Glockenturm in unserem Rücken, und blickten hinab auf die ganze Stadt Jackson, die sich bis zu ihren sichtbaren Grenzen ausdehnte, ihrem grünen Rand, wo der ruhige flußähnliche Pearl und der noch immer nicht überpflasterte Stadtbach mäanderten und sich in ihrem ungestörten Sumpf vereinten; und wir erblickten auch das »Land« dahinter. Wir befanden uns dort, wo wir standen – ein Teil unserer eigenen Landkarte.

Bei der prachtvollen Eröffnung war das gesamte Gebäude von oben bis unten beleuchtet, und die Gesellschaft – deren Geschäfte sich nun bis in andere Südstaaten erstreckten – gab einen öffentlichen Empfang. Mein Vater traf damals die Feststellung: »Für die Errichtung dieses neuen Gebäudes wurde nicht ein Dollar geliehen oder eine Sicherheit veräußert, und alles ist bezahlt. Das Gebäude wird jetzt und für immer ohne Schulden als höchst wertvolles Kapital für Versicherungsnehmer stehen.«

Es war ein krönendes Jahr seines Lebens. Zur selben Zeit wie das neue Gebäude ging auch unser neues Haus in die Höhe; es wurde von demselben Architekten entworfen. Das Haus lag an einer Schotterstraße, damals ein wenig außerhalb der Stadt, auf einem sanften Hügel, der mit dem ursprünglichen Kiefernwald bedeckt war, und war sehr im Stil der Zeit erbaut worden – aus Stuckarbeiten und Ziegeln und Balken im Tudorstil. Wir waren eingezogen, und Mutter war eben dabei, den Garten anzulegen.

Sechs Jahre später war mein Vater tot.

Der Turm der Lamar Life wird heute überragt, und man kann nicht länger die Uhrzeit auf dem Glockenturm von überall in der Stadt erkennen, wie mein Vater es einmal gewollt hatte; doch die Anmut und die guten Proportionen des Gebäudes bilden einen wirksamen Kontrast gegenüber dem überwältigenden, bisweilen brutalen Charakter einiger Konstruktionen, die darüber hinausreichen. Renovierungsarbeiten haben durch Sandstrahlung die Alligatoren entfernt, die den Eingang zierten. Doch die Gesellschaft ist noch immer darin untergebracht, und meines Vaters wird gedacht.

Der Enthusiasmus meines Vaters für das Geschäftliche war nicht ein Teil von ihm, den er seinen Kindern vererbte. Jedoch seine einfallsreiche Konzeption des Gebäudes und sein Stolz darüber, zu sehen, wie der Bau Gestalt annahm, und seine Vorliebe dafür, in seinem Büro im zehnten Stockwerk mit Fenstern, die den Blick nach drei Seiten freigaben, zu arbeiten – all das mag auf seinen Sohn Edward übergegangen sein. Er wurde Architekt, ein besonders im Entwerfen begabter, der bei einer Reihe öffentlicher Bauten und privater Häuser beteiligt war, die heute in Jackson zu sehen sind. Walter war im direkteren Sinne ein Erbe; nachdem er den Titel eines *magister artium* in Mathematik erworben hatte, ging er in das Büro einer Versicherungsgesellschaft – nicht der Lamar Life, sondern einer anderen.

Pläne für die Gesellschaft hatten die Gründung eines Radiosenders einbezogen, und dessen Büro bestand aus einem Kabäuschen, das im Untergeschoß des Turms eingerichtet worden war. Nachdem mein Vater tot war und die Weltwirtschaftskrise bei uns anhielt, bekam ich dort eine Teilzeitbeschäftigung. Meine erste bezahlte Arbeit war im Nachrichtenwesen: beim ersten Radiosender in Mississippi, der dort unter der großen Uhr tätig war, wozu er ein zustimmendes Kopfnicken erteilt hätte.

Meine erste volle Beschäftigung war für mich auf eine Weise lohnend, die ich in jenen frühen Tagen meines Schreibens niemals hätte voraussehen können. Ich begann, für das Staatsbüro der Works Progress Administration als jüngere Werbeagentin zu arbeiten. (Das war eine von Präsident Roosevelts nationalen Maßnahmen zur Bekämpfung der Wirtschaftskrise.) Indem ich durch ganz Mississippi reiste, neue Geschichten für Bezirkszeitungen schrieb und Aufnahmen machte, sah ich meinen eigenen Bundesstaat wirklich zum erstenmal aus nächster Nähe.

Im Laufe der Zeit wurden die vielen hundert Photographien – Leben, wie ich es ganz ungestellt antraf – zu einem Dokument jener trostlosen Epoche; doch das meiste von dem, was ich für mich lernte, lernte ich zu jener Zeit und indem ich die Aufnahmen machte. Die Kamera war ein manuelles Hilfsmittel bei meinem Begehren, es wissen zu wollen.

Doch meine Unterweisung bedurfte mehr als des Wissens und der Genauigkeit. Beim Tun begriff ich, wie *bereit* ich sein mußte. Das Leben hält nicht still. Ein guter Schnappschuß hielt einen einzigen Augenblick fest, bevor er davonlaufen konnte. Das Photographieren lehrte mich, daß es für mich am dringlichsten war, im entscheidenden Moment den Auslöser zu betätigen, wollte ich die Vergänglichkeit einfangen. Indem ich Aufnahmen von Menschen in allen möglichen Situationen machte, lernte ich, daß jedes Gefühl sich seiner Geste bedient; und ich mußte darauf vorbereitet sein, den Moment zu erkennen, wenn er sich mir bot. Dies waren Dinge, die eine Erzählerin wissen mußte. Und ich empfand das Bedürfnis, das vergängliche Leben in Wörtern festzuhalten – es gibt so viel mehr vom Leben, das allein Wörter vermitteln können –, empfand das Bedürfnis stark genug, daß es mein Leben lang anhielt. Die Richtung, die mein Verstand wählte, war von Anfang an die Richtung eines Schriftstellers, nicht die eines Photographen oder Dokumentators.

Entlang der Straßen in Mississippi konnte man ab und zu Flaschenbäume sehen; man sah sie einzeln oder in Gruppen im Vorhof von entfernten Farmhäusern. Ich photographierte einen – einen kahlen Indischen Fliederbaum, dessen Zweige alle in der Öffnung einer bunten Glasflasche endeten: einer blauen Magnesiummilchflasche oder einer orangefarbenen

oder grünen Popflasche; er reflektierte das Licht, ließ seine
Farben in der Sonne aufblitzen und stand als Mittelstück in
einem kleinen Dickicht von Pfirsichbäumen, die in Blüte
waren. Später schrieb ich eine Erzählung mit dem Titel
»Livvie« über die Jugend und das Alter: den Tod eines alten,
stolzen, besitzergreifenden Mannes und das Aufblühen, nach
untätigen Jahren, seiner jungen Ehefrau – eine Frühlingsge-
schichte. Unter den stolzen Besitzgegenständen des alten Solomon befindet sich der Flaschenbaum.

Ich weiß, daß der tatsächliche Flaschenbaum von dem Zeitpunkt an, da ich ihn wirklich sah, der Ursprung meiner Erzählung war. Ebensogut weiß ich, daß der in meiner Geschichte vorkommende Flaschenbaum eine Projektion meiner
Phantasie ist; er ist nicht der tatsächliche Baum, außer in dem
Aspekt, daß er von der Wirklichkeit korrigiert worden ist. Der
Blick des Erzählers sieht in das hinein, was wirklich vorhanden ist, sieht durch es hindurch und um es herum. In »Livvie«
steht der Flaschenbaum des alten Solomon vor dramatischer
Signifikanz strahlend da; er steht verwundbar da, ist darauf
gefaßt, daß die eindringende Jugend einen Stein in die Fla-
schen schleudert und sie zerschlägt, so wie Livvie im hervor-
brechenden Licht des Frühlings von der Liebe beansprucht
wird. Ich sah, daß dies in der Form einer Erzählung verwirk-
licht werden konnte.

Ich war stets mein eigener Lehrer. Die früheste Erzählung,
von der ich eine Kopie aufbewahrt habe, war – so hatte ich ge-
glaubt – niveauvoll; denn ich hatte die Inspiration gehabt, sie
in Paris spielen zu lassen. Ich schrieb sie auf meiner neuen
Schreibmaschine, und der erste Satz war: »Monsieur Boule in-
serted a delicate dagger into Mademoiselle's left side and de-
parted with a poised immediacy.« (Monsieur Boule steckte
einen delikaten Dolch in die linke Körperseite von Mademoi-

selle und ging mit gelassener Dringlichkeit weg.) Ich fürchte, das war ein perfektes Beispiel dessen, was Erzählprosa meistens für meinen Vater war. Ich war zehn Jahre älter, ehe ich dies in meiner ersten veröffentlichten Erzählung, »Der Tod eines Handlungsreisenden«, wettmachte. Ich wurde rückfällig; denn es fiel mir schwer, mich davor zu bewahren, Erzählungen zu beginnen, um mit dem zu protzen, was ich zu schreiben imstande war.

In »Akrobaten in einem Park« schrieb ich, obschon ich die Erzählung in meiner Heimatstadt spielen ließ, über Europäer, Akrobaten, Ehebruch und die römisch-katholische Kirche (wie man sie von der anderen Straßenseite aus sieht), wobei ich von allem gleichermaßen wenig wußte. Im wirklichen Leben lasse ich mich leicht von fahrenden Akrobaten in Bann ziehen. *En route* nach New Orleans gastierten jeden Tag Künstler aller Art für eine Vorstellung im Jackson Century Theater. Die Galli-Curci kam, auch der Magier Blackstone und Paderewski, auch *The Cat and the Canary* und die Extravaganza *Chu Chin Chow*. Unsere Familie besuchte sie alle. Von Anfang an bezogen meine Erzählungen fahrende Künstler ein; den bescheidenen Anfang bildet ein Damentrio der Redpath Chatauqua in »Die Winde«, und das höchste war Segovia in »Spanische Musik«. Damals wie heute wurde meine Phantasie von nichtansässigen Künstlern angezogen – von der Nichtansässigkeit ebenso wie von den Künstlern.

Zum Zeitpunkt, da ich die Erzählung schrieb, muß ich »Akrobaten im Park« als exotisch, als frei von irgendeiner Erfahrung, die ich kannte, angesehen haben. Und doch ist sie auf die einfachste Weise nicht völlig bezugslos. Die Akrobaten, die ich in einem Aufmarsch in den Smith Park in Jackson, Mississippi, führte, waren eine Familie. Sie setzten sich in unseren Familienpark und aßen ihr Mittagessen unter einer Sumpfeiche, die mir sehr vertraut war. Die Truppe bestand aus Vater, Mutter und deren Kindern. Im Mittelpunkt der Geschichte steht die Zorro-Nummer: das Kunststück, mit ihren Körpern ein Gebilde zu errichten, das ineinandergreifend zusammenhält und wie eine Wand steht – die Zorro-Wand. Indem ich über die Nummer schrieb, schrieb ich über die Familie selbst, ihre Stärke als Einheit, und testete deren Zerbrechlichkeit unter Anspannung. Ich behandelte das Problem auf künstliche und seltsam formale Weise. Die Feste der Familie wird als Gebilde, das jeden Abend errichtet wird, zur Schau gestellt; in der Nacht, bevor die Geschichte beginnt, ist die Wand eingestürzt, als das anfälligste Familienmitglied ausrutscht, und mit der Nummer ist es vorbei. Doch von verschiedenen Standpunkten innerhalb und außerhalb habe ich seitdem in Erzählungen und Romanen über die Struktur der Familie geschrieben. Trotz meines nicht sehr vielversprechenden Ansatzes wäre es möglich gewesen, daß meine elementare Storyform versuchte, sich mir anzukündigen.

Meine erste gute Erzählung begann spontan – in einer Bemerkung, die mir ein Reisender – unser Nachbar – wiedergab, dem gegenüber sie gemacht worden war, während er sich auf einer Fahrt nach North Mississippi befand: »He's gone to borry some Eire« (Er ist fortgegangen, um ein bißchen Feuer zu borjen). Die Wörter, die solch lyrische und mythologische und dramatische Untertöne besaßen, waren wirklich und tatsächlich so gesagt worden – derjenige, welcher sie gehört hatte, gab sie mir wieder.

Wie gewöhnlich begann ich, aus einer Distanz heraus zu schreiben; doch »Der Tod eines Handlungsreisenden« führte mich näher heran. Die Erzählung zog mich zu dem, was im Zentrum war: zu einer Hütte hinten in den Lehmbergen – vielleicht genauso ein Haus, wie ich es früher bei Nacht weit entfernt aus dem Zug heraus gesehen hatte, mit dem Schein des Feuers oder dem Licht der Lampe gelb durch die offenstehende Tür fallend. Beim Schreiben der Erzählung näherte ich mich der Hütte und betrat sie zusammen mit meinem Hand-

lungsreisenden und ließ ihn, der vom bevorstehenden Tod gedrängt wurde, herausfinden, was dort war:

Bowman konnte nicht sprechen. Ihm verschlug das Wissen,
was wirklich in diesem Haus los war, die Sprache. Eine Ehe,
eine furchtbare Ehe. So etwas Einfaches. Jedermann konnte
das haben.

Das Schreiben von »Der Tod eines Handlungsreisenden« öffnete mir die Augen. Und ich hatte den Schock erhalten, zum
erstenmal mein eigentliches Sujet berührt zu haben: menschliche Beziehungen. Das Träumen mit offenen Augen hatte
mich auf den rechten Weg gebracht; doch das Erzählen riß
mich mit und rüttelte mich auf, nachdem es mich erst einmal
gepackt hatte.

Meine Veranlagung und mein Instinkt hatten mir gleichermaßen gesagt, daß der Autor, der aus seiner eigenen Be-
drängnis heraus schreibt, in seinem privaten Abstand bleibt
und bleiben muß. Ich wünschte, nicht ausgelöscht, sondern
unsichtbar zu sein – eine machtvolle Position in der Tat. Die
Perspektive, die Richtung, der Rahmen der Vorstellung – all
dies läßt eine Distanz entstehen.
    Eine frühe Erzählung, »Eine Erinnerung« betitelt, ist eine
in Entstehung begriffene Entdeckung. So beginnt sie:

Als ich noch ein Kind war, lag ich an einem Sommermorgen
nach dem Schwimmen im kleinen See des Parks auf dem
Sand. Die Sonne brannte herab – es war kurz vor Mittag. Das
Wasser glänzte metallisch und unbewegt, nur hinter einem
entfernten Schwimmer lief eine gefiederte Welle her. Von meinem Platz aus schaute ich auf ein hell leuchtendes Viereck, das
richtig blendete, mit Sonne, Sand, Wasser, einem kleinen Pa-

villon, ein paar vereinzelten, reglosen Menschen, und einge-
faßt wurde all dies von dunklen, kugelförmigen Eichen, die an
die gravierten Gewitterwolken erinnerten, von denen Illustrationen in der Bibel umrahmt wurden. Seit ich Zeichenunter-
richt nahm, hatte ich angefangen, mit den Fingern alles ein-
zurahmen, was ich betrachtete.

Da es ein Vormittag mitten in der Woche war, waren die
einzigen Personen, die es sich leisten konnten, im Park zu
sein, entweder Kinder, die nichts zu tun hatten, oder jene alten
Leute, deren Leben dunkel, unregelmäßig und in dem Bewußtsein, zu nichts mehr nütze zu sein, verläuft: Diese Beobachtung hielt ich damals fest. Ich war in einem Alter, wo ich
mir über jeden Menschen, den ich traf, und jedes Ereignis, das
ich miterlebte, ein Urteil bildete, und das, obwohl ich leicht
einzuschüchtern war. Wenn ein Mensch oder ein Vorfall meinen vorgefaßten Meinungen oder gar meiner Hoffnung oder
den Erwartungen nicht zu entsprechen schien, überfiel mich
eine Schreckensvision von Verlassenheit und Wildheit, die
mir wie ein Gefühl tiefer Trauer aufs Herz drückte. Meine Eltern, die glaubten, ich bekäme von der Welt nur das zu sehen,
was ordentlich gezogen war wie ein Weinstock am Spalier in
unserem Garten, wären tief beunruhigt gewesen, wenn sie ge-
ahnt hätten, wie oft ich Schwaches, Minderwertiges und seltsam Verzerrtes als ein Beispiel dafür nahm, was auf mich zu-
kommen würde.

Selbst heute weiß ich noch nicht, was ich zu sehen erwartete; aber damals war ich fest davon überzeugt, daß ich es an
jeder Ecke um ein Haar gesehen hätte. Alles um mich herum
genau zu beobachten, das hielt ich streng und sehr eigensinnig
für ein wahres *Bedürfnis*. Diesen ganzen Sommer lang hatte
ich am Ufer des kleinen Sees im Sand gelegen, mit den Händen meine Augen umrahmt, wobei ich meine Fingerspitzen
berührte, und durch diesen einfachen Trick alles gesehen: Es
schien eine Art Bild zu sein. Es war mir nicht wichtig, was ich

betrachtete; aus jeder Beobachtung folgerte ich, daß sich mir ein großes Geheimnis des Lebens fast erschlossen hätte – denn ich war besessen von der Vorstellung des Verborgenen, und die kleinste Drehung eines Fremden bedeutete für mich eine Mitteilung oder eine böse Vorahnung.

Wenn sie ihr Ende erreicht hat, ist diese Erzählung keine Beobachtergeschichte. Das durch die einfassenden Hände des jungen Mädchens hindurch erspähte Tableau stellt unwillkommenen Realismus dar. Wie kann sie die Existenz dieser Ansicht mit dem Traum von Liebe in Einklang bringen, den sie bereits in sich trug? Er ist amorph und zart und muß von nun an im verborgenen bleiben – er ist ihre heimliche Vorstellung. Der Rahmen erhebt nur die Frage der Vision. Sie hat etwas von meinen eigenen Träumen am Fenster des Zuges. Doch nun schaut die Träumerin nicht mehr zu. Nun wird sie, ob träumend oder wach, einbezogen sein.

»Ein Augenblick der Stille« – eine weitere frühe Erzählung – war eine Phantasie, in der die getrennten inneren Visionen, die drei höchst individuelle und äußerst verschiedene Männer leiten, auf wundersame Weise aufeinandertreffen und über demselben einzelnen äußeren Objekt konvergieren. Alle meine Figuren hatten tatsächlich zur selben Zeit gelebt; sie wären Fremde geblieben, wenn ihr Leben sie nicht zu einem Zeitpunkt in dieselbe Gegend gebracht hätte. Der Ort des Geschehens war die Mississippi-Wildnis im historischen Jahr 1811 – »anno mirabilis«, das Jahr, in dem die Sterne auf Alabama fielen und Lemminge oder vielleicht Eichhörnchen geradewegs das Festland hinunterrasten und sich in den Golf von Mexiko stürzten und ein Erdbeben den Mississippi rückwärts fließen ließ und New Madrid, Missouri, einstürzte und verschwand. Meine historischen Charaktere waren Lorenzo Dow, der New England Evangelist; Murrell, der gesetzlose Bandit und Mörder auf dem Natchez-Pfad; und Audubon, der

Maler; und das äußere Objekt, das sie alle zur selben Zeit erblickten, ist ein kleiner Reiher, der gerade frißt.

Ich habe niemals eine andere Erzählung wie diese geschrieben; doch andere Arten von Visionen, Träume, Halluzinationen, Obsessionen und die wunderbarste innere Vision – die Erinnerung – waren am Entstehen meiner Erzählungen beteiligt, haben sie geformt und entworfen, sie vorangetrieben.

Der Rahmen, durch welchen ich die Welt schaute, veränderte sich ebenfalls mit der Zeit. Größer als der Ort der Handlung ist, wie ich erkannte, die Situation. Größer als die Situation ist die Implikation. Größer als all dieses ist ein einziger Mensch, der sich niemals von einem Rahmen eingrenzen läßt.

Eine Erzählung oder einen Roman zu schreiben bedeutet, eine *Abfolge* in der Erfahrung zu entdecken, auf Ursache und Wirkung bei den Ereignissen im eigenen Leben des Schriftstellers zu stoßen. Das ist bei mir der Fall gewesen. Zusammenhänge zeigen sich langsam. Wie entfernte Marksteine, denen man sich nähert, richten Ursache und Wirkung sich aufeinander aus, ziehen sich näher zusammen. Erfahrungen, die in ihren eigenen Zügen zu unbestimmt sind, daß man sie als solche erkennt, verbinden sich und werden als eine größere Gestalt identifiziert. Und plötzlich wird ein Licht zurückgeworfen, wie es der Fall ist, wenn ein Zug durch eine Kurve fährt, und es zeigt sich, daß ein Berg der Sinnbezüge sich auf dem Weg hinter einem aufgetürmt hat, ja daß er sich weiter auftürmt, was sich nun in der Rückschau erweist.

Es scheint mir, wenn ich nun mit über siebzig über meine Eltern schreibe, daß ich Kontinuitäten in ihrem Leben erkenne, die ich, als sie lebten, nicht zu sehen vermochte. Sogar zu den Zeiten, die mir die lebhaftesten Erinnerungen an sie vermittelt haben, gab es Verbindungen, die mir entgingen. Könnte es deshalb sein, daß ich ihr Leben – jedes Leben, das ich kenne – heute besser zu erkennen vermag, da ich eine Schriftstellerin bin? Es nicht als Erzählstoff zu sehen, natürlich – es vielleicht als größeres Rätsel zu sehen, als es mir je bewußt war. Das Schreiben hat in mir einen bleibenden Respekt für das Unbekannte in einem menschlichen Leben und ein Gefühl dafür entwickelt, wo man die Fäden sucht, wie man ihnen folgt, wie man Verbindungen schafft, wie man mitten im Wirrwarr herausfindet, welche klare Linie besteht. Die Fäden sind alle da: Der Erinnerung geht nichts wirklich verloren.

Das kleine Andenkenbuch, das meinem Vater vor so langer Zeit geschenkt wurde und das nie jemand erwähnte, hat für mich an Beredsamkeit zugenommen. Die Botschaften, die bestimmt waren, ihn zu »begleiten« – und es auch taten –, die Abschiedsworte von seiner Mutter an ihrem Todestag; und die nachfolgenden Worte des Arztes, daß das Leben des Kindes kurz sein würde; die Ermahnung von seiner Tante Penina, sein Kreuz zu tragen und nicht zu murren – all dies ergab eine Summe, die ihm hinterlassen worden war, damit er vom Augenblick an, wo er lesen konnte, darüber nachdachte. Es scheint mir, daß meines Vaters Entscheidung für seine Arbeit bei der Lebensversicherung – und er erschöpfte wirklich sein Leben dafür – einen tieferen Grund hatte als die Überzeugung, so stark sie auch war, die er mit der Mehrheit in den zwanziger Jahren teilte: daß Erfolg im Geschäft die Lösung für die meisten Probleme des Lebens sei – Sicherheit für die Familie, deren andauernden Komfort und fortdauerndes Wohlbefinden und insbesondere die Sicherheit der Erziehung für die Kinder. Zum Teil war die Vergangenheit deshalb für ihn ohne Interesse. Er sah das Leben mit dem Blick auf die Zukunft, und er arbeitete dafür, diese Zukunft für seine Kinder zu schaffen.

Hand in Hand mit der tatkräftigen Ausübung von Optimismus und vielleicht tiefgehender als diese bestand ein fortwährendes Bewußtsein für die Sterblichkeit selbst – besonders für die Sterblichkeit eines Elternteils. Diese Sorge, diese Vorsicht, die sein Leben in der Familie, im Geschäft bestimmte, das er wählte und so erfolgreich ausweitete, begann sehr wahrscheinlich, als er sieben Jahre alt war, als seine Mutter, die ihn vielleicht buchstäblich mit ihren letzten Worten bat, ein braver Junge zu sein und sie im Himmel zu treffen, starb und ihn allein zurückließ.

Seltsamerweise hatte auch Ned Andrews in all seinen Reden die zukünftigen Werke des Menschen gerühmt und das Vergessen der Vergangenheit. Keine zwei Charaktere hätten weiter voneinander entfernt oder im Selbstausdruck unterschiedlicher sein können als die von Ned Andrews und Christian Welty. Sie kannten sich nicht, und das einzige, was sie gemein hatten, war die Liebe meiner Mutter. Aber vielleicht war ihr beider Ehrgeiz, eine Besserung für die Menschheit in naher Zukunft zu erreichen, genau jene gemeinsame Eigenschaft, die sie als erstes liebte? Sie hätte somit auf die Leidenschaftlichkeit ihrer Überzeugungen angesprochen. Ich bin nicht sicher, ob es ihr gelang, ihren Vorhersagen zu vertrauen. Keinem von beiden war es beschieden, das Leben auszuleben; der Schmerz, den sie deshalb empfand, war Teil ihrer Liebe für beide.

Mein Vater versicherte sein eigenes Leben großzügig als Vorsorge für seine Familie und hatte Grund zur Annahme, daß alles gesichert war. Dann kam die Weltwirtschaftskrise. Und 1931 verursachte eine Krankheit, von der bis dahin nicht einmal er gehört hatte, Leukämie, seinen Tod in nur wenigen Wochen, als er zweiundfünfzig war.

Ich glaube, im Leben meiner Mutter war Mitleid das leitende Gefühl. Es umfaßte die Welt. Während des Krieges (des II. Weltkrieges) hörte sie in einer Radiosendung, daß die Chinesen aus Furcht, ihre große Bibliothek werde zerstört, die Bücher in ihre Hände nahmen, sie sich auf den Rücken packten und sie zu Fuß auf langen Gebirgspfaden in Sicherheit forttrugen. Meine Mutter weinte um sie und ihre Bücher. Fast mehr noch als eine eventuelle Katastrophe richtete sie die tapfere Hoffnung darauf zugrunde, daß diese abgewendet werden könnte. Sie hatte selbst so viele von diesen tapferen Hoffnungen. Indem sie um die alten chinesischen Gelehrten weinte, die ihre kostbaren Bücher über die Berge trugen, konnte sie auch um sich selbst weinen, wo doch ihr jüngstes Kind bei der Marine in der Schlacht bei Okinawa diente.

Vielleicht erlitt sie im Leben mehr als die übliche Anzahl von Schicksalsschlägen. Wir, ihre Kinder, mußten wie unser Vater vor uns die Lektion lernen, daß es uns niemals möglich sein würde, sie über irgendein Unglück hinwegzutrösten; insbesondere konnten wir sie dann nicht trösten, wenn uns selbst etwas zustieß.

Ihre ausgeprägteste Art zu denken geschah in Assoziationen. Dabei kann man nicht helfen.

Als mein Vater sterbend im Krankenhaus lag, gab es eine verzweifelte letzte Entscheidung, eine Bluttransfusion zu versuchen. Wieviel man damals über die Verträglichkeit von Blutgruppen oder über das Verfahren selbst wußte, vermag ich nicht zu sagen. Ich weiß nur, daß es für meine Mutter keine Frage darüber gab, wer der Spender sein sollte.

Ich war anwesend, als es gemacht wurde; meine beiden Brüder waren in der Schule. Meine Eltern lagen auf Feldbetten; mein Vater war auf einem hereingetragen worden, und meine Mutter legte sich auf das andere. Dann wurde einfach ein Schlauch von ihrem zu seinem Arm gelegt.

Mein Vater war, glaube ich, bewußtlos. Meine Mutter sah ihn an. Ich konnte ihr inbrünstiges Gesicht sehen: Es gab keinen Zweifel darüber, was sie gerade dachte. Diesmal würde sie sein Leben retten, so wie er vor langer Zeit ihres gerettet hatte, als sie an Blutvergiftung zu sterben drohte. Was er für sie getan hatte, indem er ihr den Champagner gab, das würde sie nun für ihn tun können, indem sie ihm ihr eigenes Blut gab.

Auf einmal verfärbte sich sein ganzes Gesicht dunkelrot. Der Arzt machte ein abschätziges Geräusch mit seinen Lippen, so wie es eine Frau macht, die beim Stricken eine Masche fallen gelassen hat. Was der Arzt damit gemeint hat, war, daß mein Vater gestorben war.

Meine Mutter erholte sich gefühlsmäßig davon nie. Obwohl sie über dreißig Jahre länger lebte und weitere bittere Verluste erlitt, hörte sie nie auf, sich dafür die Schuld zu geben. Sie betrachtete es als ihr Versäumnis, sein Leben nicht gerettet zu haben.

Während der Zug nach New York kurz vor Mitternacht aus dem Bahnhof zu Hause langsam herausfuhr, standen die Freunde da und winkten, als würden sie einen nie mehr sehen. Das letzte, was man von Jackson vom Fenster aus sah, war ein altes Holzgebäude neben dem Schienenstrang, auf dem sich ein handgemaltes Schild unter einer Bogenlampe befand: »Wo wirst Du die Ewigkeit verbringen?« Dieses Schild war auch das erste, was man in der Morgendämmerung sah, wenn der Zug einen zurück nach Hause brachte.

Während der Zug an Fahrt zunahm, schneller aus der Stadt hinausrollte, lag ich gewöhnlich zurückgelehnt mit einem eisernen Käfig von Schuld um meine Brust herum. Gegen Ende der Wirtschaftskrise sparte ich, was ich von meiner Teilzeitbeschäftigung oder meiner befristeten Anstellung sparen konnte, um nach New York zu fahren. Ich hoffte, daß ich meine Erzählungen und die Photographien, die ich in der Wirtschaftskrise über Mississippi aufgenommen hatte, einem Herausgeber würde zeigen können, dem sie – die einen oder die anderen oder beide – hinreichend gefielen, daß er sie veröffentlichte. Ein zweiwöchiger Aufenthalt in New York, der, wie ich bewiesen hatte, für hundert Dollar möglich war – Theaterbesuche eingeschlossen –, schien mir für eine Entscheidung ausreichend zu sein; doch ich mußte wieder abreisen, ohne sie zu kennen. Es kam mir überhaupt nicht in den Sinn, daß meine Manuskripte oft den Schreibtisch eines Verlagslektors oder einer Verlagslektorin nur noch mehr belasteten. Es war die *ermutigende* Reaktion, die so lang auf sich warten ließ – manchmal ein Jahr; die Lektoren und Lektorinnen, die mir ein außerordentliches Maß an Verständnis und Hoffnung und auch Lob entgegenbrachten, hatten bisher gefunden, daß sie am Ende doch immer nein sagen mußten. All das begleitete mich im Zug nach New York und zurück. Es war Teil meiner vorbeifliegenden Landschaft. Während ich mich weiter von Jackson fortbewegte, wußte ich sogar, daß meine Mutter mir bereits an ihrem Schreibtisch schrieb, um mir zu sagen, daß sie mich vermisse, jedoch nur wolle, was das beste für mich sei. Sie werde das Haus nicht eher verlassen, bis sie in drei Tagen mein Telegramm vom New Yorker Pennstation erhalten habe, daß ich sicher angekommen sei. Ich solle mir wegen der Dinge zu Hause um sie keine Sorgen machen oder darüber, wie sie zurecht komme. Sie erwarte begierig meinen Brief, nachdem ich meine Erzählungen den Verlegern vorgelegt hätte.

Ich wußte, daß sie genauso gewartet haben mußte, wenn mein Vater auf einer seiner Geschäftsreisen war, und ich glaubte, mir vorstellen zu können, wie auch er, der das Zugfahren und Reisen so liebte, empfunden haben mußte, während er unterwegs war. Ich dachte an die große Tafel Fanny-May-Schokolade, die er aus Chicago mitbrachte, an die Noten zu »I Want to Be Happy« aus *No, No, Nanette*, die uns alles über die Show verrieten, die ihm so gut gefallen hatte und von der er sehr gewünscht hätte, daß wir sie mit ihm gesehen hätten. Reisen zu unternehmen zerriß uns alle innerlich; denn sie, jede der Reisen von zu Hause fort, hätte möglicherweise weniger egoistisch unternommen werden können, hätte etwas sein können, das uns hätte herausfordern sollen oder gewichtiger gewesen wäre, um einen solchen Sprung ins Ungewisse zu rechtfertigen. Die Qual und das Schuldgefühl – die Qual darüber, den geliebten Menschen gehen zu sehen, das Schuldgefühl darüber, der geliebte Mensch zu sein, der fortgeht – spielen in meinen Erzählungen ebenso eine Rolle wie in meinem Leben. Und damals stellte sich das Schuldgefühl vor allem deshalb ein, weil es berechtigt war; ich war fortgefahren, um bei irgendeiner geheimen oder in der Zukunft liegenden Freude anzukommen, bei etwas, das noch unbekannt war und nun in New York darauf wartete, entdeckt zu werden. Meine Freude hing mit dem Schreiben zusammen; das war alles, was ich wußte.

In Meridian (ich war erst neunzig Meilen von Jackson entfernt) gab es für den Zug, der von New Orleans nach New York ging, eine mehrstündige Wartezeit. Die Deckenlampen im Bahnhof hingen so hoch, daß man nicht lesen konnte. Lange nach Mitternacht kam ein erstes Signal von der Dunkelheit draußen – der Pfeifton, der die Kurve im Süden der Stadt ankündigte. Die alte und vertraute Gestalt der farbigen Dame, die während der letzten zwei Stunden Kaffee in einem schwarzen Eisentopf, groß wie eine Milchkanne, herumgeschleppt hatte, stand neben einem, wenn man aufwachte. Sie war die einzige Bedienstete. Nun begann sie, die Stationen auszurufen. Ihre weiße, mit Rüschen verzierte Haube und ihre gestärkte weiße Schürze ließen sie nur um zwei Uhr nachts in Meridian als Respektsperson erscheinen. Sie rief die gesamte Liste der Reiseziele genauso aus, wie sie es fünfzig Jahre lang unter dem widerhallenden Gewölbe des prachtvollen Bahnhofs der Zeit getan hatte. Beim Donnern der herannahenden Lokomotive und dann einer Glocke, die zu hören war und im Ton anstieg, während sie näher erklang, und

ihrem Schrillen nun genau an unseren Ohren und beim Ge-
dröhne und Geknalle des einfahrenden Zuges und dem Krei-
schen des ausströmenden Dampfes sagte eine menschliche
Stimme den Fahrplan unserer Bestimmungsorte auf. Langsam
und von tief aus ihrem Innern drang jeder Name zu uns wie
Wörter in einer Kirche: »Birmingham ... Chattanooga ... Bri-
stol ... Lynchburg ... Washington ... Baltimore ... Philadel-
phia ... und New York.« Und indem sie sich ein weiteres Mal
verwandelte – nun in einen Dienstmann –, begann sie, ihre
Arme und Schultern mit unseren Koffern zu beladen, so viele
sie auf einmal tragen konnte, und uns den Bahnsteig entlang
zu unseren Waggons zu treiben, damit sie uns los war und um
sicherzugehen, daß wir auch fort waren. Sie erscheint genauso in einer Geschichte, die ich schrieb, »The Demonstra-
tors«; doch sie beseelt viele weitere. Für mich war sie der leib-
haftige Engel der Abreise, und ich dachte daran, wie oft ich
sie in jenen frühen Tagen, während ich dort im Schlafwagen
bewußtlos abgestellt war und auf denselben Anschluß wartete, schlafend verpaßt hatte.

Die Reise nach New York bedeutete zwei Nächte und fast
drei Tage Herumsitzen und mehrfaches Umsteigen. Das Fahr-
geld für eine Strecke betrug 17,50 Dollar; billiger war es,
wenn ich eine Ferienkarte von Washington aus bekommen
konnte. Wir verbrachten einen Tag damit, Tennessee, das damals friedvoll ländlich war, zu durchqueren. Ich lernte den
Grundriß jeder Stadt kennen, durch die wir fuhren, den
Namen des Haushalts- und Eisenwarengeschäfts, und ich
wußte, wo man nach einer Bankuhr schauen konnte, die genau ging. Ich wußte, wo nachmittags die Schattenstücke auf
hochgelegenen Weideflächen fielen, und erinnerte mich
daran, nach dem Pony inmitten der Pferde zu schauen, die
dort versammelt waren. Dieselben kleinen Hunde jagten
durch die Tore bestimmter Farmen einen Sommer nach dem
anderen unserem Zug nach. Wir fuhren bei Nacht durch die

Berge; man konnte die Fahrt nur hören, nicht sehen. Wenn ich schlief und ein Zwischenhalt mich beim Morgendämmern aufweckte, schaute ich aus dem Fenster und wußte instinktiv, daß ich den Bahnhof erblicken würde, wo der dicke, einfältige Junge genau zur richtigen Zeit, um den Zug zu begrüßen, den Bürgersteig an der Ecke beim Drugstore hinunterhüpfte. Ich hätte vorhersagen können, daß ich jedesmal, wenn wir eine bestimmte lange Kurve fuhren, denselben Mann und dieselbe Frau auf Leitern stehen und wieder einmal ihr Gewächshaus anstreichen sehen würde.

Doch es waren die letzten Jahre, in denen, wie es schien, nach Zeit- und Fahrplänen gefahren wurde. Mit Einbruch des Krieges fuhr man auf vollbesetzten und schlecht gewarteten Zügen von der Art, die niemals pünktlich sind und häufig Betriebsschäden aufweisen, durch dieselbe Landschaft wie früher; die markanten Punkte verschwanden dann langsamer. Doch der Zug hielt oft ohne erkennbaren Grund auf offener Strecke an und blieb geräusch- und bewegungslos stehen wie ein Schiff, das in eine Flaute geraten ist. Mein Vater wäre sofort ausgestiegen, hätte seine Uhr hervorgeholt und vom Bremser oder Lokführer, deren Besorgnis er teilte, herauszufinden versucht, was los war. Man mußte auf Stopps gefaßt sein, wo mitten auf offener Strecke drei Linien aufeinandertrafen; ein winziger schuppenähnlicher Bahnhof trug den Namen »Ooltewah«. Bedeutet das von rückwärts gelesen »Waterloo«? Doch nichts, so schien es, geschah jemals während dieser langen Aufenthalte. Wir trafen keinen anderen Zug; kein Zug fuhr an uns vorüber. Wenn der Zug sich nicht bewegt, scheint das Reiseziel nur ein vergessener Traum zu sein.

Einmal, als mein Zug zu einem jener unerklärbaren Haltepunkte in offener Landschaft kam, geschah folgendes: Da draußen erstreckte sich um uns herum ein langes, hohes Tal, ein grüner friedvoller Abschnitt Tennessees mit entfernten

Farmhäusern und einem kleinen Fußpfad, der sich auf bepflanzte Felder zuschlängelte. Es war bei Sonnenuntergang. Bald darauf erhob sich wortlos ein Soldat, der mir gegenüber saß, und stieg aus dem stehenden Zug aus. Er hatte einen ganzen Tag lag mit niemandem gesprochen, und nun verließ er uns einfach, ohne etwas mitzunehmen oder stehenzubleiben, um seine Mütze aufzusetzen. Wir sahen ihn geradewegs von den Schienen weg ins grüne Tal gehen; er warf einen langen Schatten und sah sich nicht einmal um. Dann fuhr der Zug weiter, und während wir den Soldaten dort in der Landschaft zurückließen, empfand ich es, als wenn wir aus *seiner* Sicht entschwänden, kleiner würden und bald vergessen wären.

Schließlich kam ich, ohne mich eine Meile von zu Hause fortzubewegen, in die sicherste Obhut, die möglich war. Nachdem ich eine Reihe Erzählungen so gut geschrieben hatte, wie ich es vermochte, fanden mein zukünftiger literarischer Agent, Diarmuid Russell, und meine zukünftigen Lektoren, die meine lebenslangen Freunde wurden, *mich*. (John Woodburn, ein Lektor, der auf Talentsuche für seinen Verleger auch nach Jackson kam, schrieb, als er den Verlag überredet hatte, mein erstes Buch anzunehmen: »Als ich die Waffeln Ihrer Mutter probierte, wußte ich, daß alles gut werden würde.«)

Das Reisen selbst ist Teil einer längeren Kontinuität.

Erst im vergangenen Sommer fielen mir in einigen Effekten meines Vaters Photographien in die Hände, die ich niemals gesehen hatte – sogar in der Größe unterschieden sie sich von denjenigen, welche er von unsrer Familie gemacht hatte. Ich ließ davon Abzüge anfertigen und entdeckte Szenen von unbekannten Orten – Stadtstraßen und Gebäude und Trambahnwagen und Dockviertel, öffentliche Parks mit rennenden

Kindern, die kostümiert schienen; junge Damen, in Booten sitzend oder in langen Röcken und mit Strohhüten daherschlendernd; Schiffe, Flaggen, Meeresabschnitte und einen breiten Fluß – und auf einmal ganz ohne Zweifel die Niagarafälle, bei Tag und bei Nacht, angestrahlt. Zum anderen war da ein gefrorener Wasserfall mit einem Mann, der in Mantel und Hut daneben postiert war und sich an einem langen Eiszapfen wie an der in einem opernlangen weißen Handschuh steckenden Hand einer Dame festhielt. Ich war vor ein Rätsel gestellt, bis ich zu einem späteren Zeitpunkt im selben Sommer zufällig auf einen Zugfahrplan stieß, der Abfahrtszeiten für Fähren und Termine für Orchesterkonzerte und Ausflugstarife von Halifax für eine bestimmte Woche im August 1903 enthielt. Der gehörte mit Sicherheit meinem Vater – er hätte jedes dieser Angebote wahrgenommen. Und das Datum erkannte ich nun als dasjenige des Sommers vor dem Jahr, in dem er meine Mutter heiratete. Auf diesen Schnappschüssen erblickte ich die Festszenen seines letzten Sichaustobens.

Nein, ich erblickte mehr als das. Es kam mir wieder in den Sinn, daß meine Mutter gesagt hatte, er habe ihr für ihr zukünftiges Zuhause Thousand Islands oder Jackson, Mississippi, zur Wahl angeboten, und sie habe Jackson, Mississippi, gewählt; das verdanken wir ihr. Doch ich konnte nun einsehen, daß er sich natürlich hinaufbegeben hatte, um sich die Thousand Islands anzuschauen, und mit dem Zug und dem Schiff auf dem St.-Lorenz-Strom von Ontario nach Halifax gefahren war, an den Niagarafällen haltgemacht und die Aufnahmen geschossen hatte, um sie ihr mitzubringen, ehe er gegenüber Chessie Andrews etwas Voreiliges äußern würde. Und hier waren sie – die Wahl, die sie nicht traf. Sie hatte den anderen Ort gewählt, und hier war ich, eines der Resultate, in ihm, wobei Bilder der anderen Möglichkeit nun in meiner Hand auftauchten.

Neben dem Fährenfahrplan und dem Zeitplan für Ausflüge

und dem Andenkenbuch von den Thousand Islands stieß ich auf eine größere handelsübliche Photographie von meinem Vater. Als schlanke Gestalt in einem hellen Geschäftsanzug steht er mit einem Fuß auf einem Felsbrocken anscheinend mitten in den Stromschnellen der Niagarafälle. Sein Gesicht hat den üblichen Ausdruck freundlicher Rücksichtnahme. Wahrscheinlich ließ er diese Trickaufnahme nur machen, um sie meiner Mutter zu schenken. Das erinnerte mich an die unzähligen Versuche, sie mit spaßigen Dingen zum Lachen zu bringen. Wenn es ihm gelang, überraschte und entzückte es *ihn* – es war für beide ein Triumph. Ich konnte mir vorstellen, wie ihr das Bild von ihrem Verlobten, der in den Stromschnellen über den Niagarafällen mit dem Hut in der Hand steht, gegeben wurde und sie zu ihm sagte: »Ich weiß nicht, was daran komisch ist.« Er *wußte*, wie sehr sie sich vor Wasser fürchtete.

Die Entdeckungen, die ich während des Schreibens gemacht habe, nehmen ihren Anfang alle im Besonderen, nie im Allgemeinen. Sie geschehen meist hinterher; es sind Pfeile, von denen ich jetzt herausfinde, daß ich sie hinter mir zurückgelassen habe; sie weisen mir einen richtigen oder falschen Weg, den ich gegangen bin. Das, was mir eine Erzählung gezeigt hat, vermag mir beim Schreiben einer anderen Erzählung nichts zu nützen. Doch Nutzen ist nicht das, was ich will; vor mir liegende Freiheit ist das, was jede Erzählung verspricht – Neubeginn. Und die ganze Zeit über wiederholen sich, wie mir im nachhinein weiter bewußt geworden ist, in meiner Arbeit bestimmte Muster, ohne daß ich es bemerkte. Und es gäbe auch keine Möglichkeit, dies zu wissen; denn während des Schreibens existiert nur jeweils die eine Erzählung. Jeder Schriftsteller, so stelle ich mir vor, muß selbst herausfinden, auf welch merkwürdiger Grundlage er mit seinen eigenen Erzählungen lebt.

Ich hatte eine Reihe von Erzählungen mehr oder weniger nacheinander geschrieben, ehe es mir verspätet aufging, daß einige Figuren einer Erzählung dieselben waren (und die ganze Zeit gewesen waren) wie bereits in anderen Geschichten. Ich hatte sie ursprünglich nur mit verschiedenen Namen bedacht, hatte über andere Phasen ihres Lebens geschrieben, sie in Situationen gezeigt, die noch nicht ineinandergriffen, doch dies jederzeit konnten. Sie berührten sich an allen Seiten. Diese Erzählungen standen untereinander in enger Beziehung (und diese Tatsache lag in ihren Anfängen verborgen) – durch Identitäten, Verwandtschaften, Verbindungen oder Affinitäten, die bereits bekannt waren oder erinnert oder angedeutet wurden. Von Erzählung zu Erzählung bestanden bereits Verbindungen zwischen dem Leben der Figuren; dies war die Konsequenz aus Beweggründen oder Taten, manchmal Träumen der Figuren: Sie mußten nur gefunden werden. Nun fügte ich das Ganze – manches davon lag noch in der Zukunft – Schritt für Schritt zusammen, und zwar in einer bereits festgesetzten Position, die ich jetzt als Konzentrationspunkt aller meiner Erzählungen erkannte. Was die Figuren zusammengebracht hatte, war ihr starker Charakterzug: Auf die eine oder andere Weise lebten sie in einem Traum oder einer romantischen Hoffnung oder einer Illusion hinsichtlich dessen, was aus ihrem Leben werden würde, oder hinsichtlich der Bedeutung ihrer (jetzt) verbundenen Leben.

Auf fast provozierende Weise waren diese Erzählungen vielleicht mit meiner Person verbunden, indem sich in meiner erzählenden Phantasie eine andere Verbindung herstellte – eine Schattenbeziehung zu griechischen mythologischen Gestalten, Götter und Heroen, die in verschiedenen Verkleidungen zu unterschiedlichen Zeiten durch die Geschichten hindurchwanderten: Embleme der unbedachten Träume der Figuren.

Das Schreiben jener Erzählungen, die schließlich vereint in

dem Buch *The Golden Apples* erschienen, war das Erlebnis, wie ein Autor seine Wahlverwandtschaften findet. Beim Schreiben warten wie im Leben die Verbindungen aller Arten von Beziehungen und Gegenstände darauf, entdeckt zu werden, und sie geben ihre Signale für den Geigerzähler der geladenen Vorstellungskraft ab, wenn dieser erst ins richtige Feld gebracht worden ist.

Die Figuren, die in meinen Erzählungen und Romanen vorkommen, sind keine Porträts. Figuren erfinde ich zusammen mit ihrer Geschichte. Ihnen beigefügt ist das, was ich vielleicht unbewußt Stück für Stück von Personen übernommen habe, die ich *in natura* gesehen oder bemerkt oder an die ich mich erinnert habe – hier einen Gesichtsausdruck, dort einen bestimmten Gang, jener Gedankenblitz der Phantasie, wenn eine Erzählung in Gang gekommen ist. (Elizabeth Bowen sagte: »Körperliche Details kann man nicht erfinden.« Man kann sie nur auswählen.) Ich schreibe nicht, indem ich in das Leben realer Personen eindringe: Mein eigener Sinn fürs Private ist zu stark dafür; und ich weiß auch instinktiv, daß lebende Menschen, denen man nahesteht – die man auf eine Weise kennt, die zu intim, zu herzlich ist, daß man sie anders als mit Liebe ausloten könnte – nichts hergeben für eine Erzählung, niemals hineinpassen würden. Andererseits ist das, woraus ich meine Erzählungen mache, der *gesamte* Fundus meiner Empfindungen, meiner Reaktionen auf wirkliche Erlebnisse aus meinem eigenen Leben, auf Zusammenhänge, die es formten und veränderten, in die ich das meiste von mir selbst eingebracht und so meine dramatische Seite kennengelernt habe. Figuren werden manchmal durch einen glücklichen Zufall lebendig; doch ich vermute, daß eine Figur eine eigenständige Person in der Geschichte wird, wenn man völlig aus sich selbst heraus schreibt und in die Haut, das Herz, den Verstand und die Seele einer Person schlüpft, die man selbst nicht ist.

Es war nicht meine Absicht – niemals war es das –, eine Figur zu erfinden, die für mich, die Autorin, sprechen sollte. Eine Figur ist in einer Erzählung, um dort eine Rolle zu spielen, und das Leben der Figur zusammen mit dem Ausdruck des Lebens wird von dem, was es umgibt, bestimmt – ja wird von deren eigener Geschichte erschaffen. Und doch scheint es mir nun – Jahre nachdem ich *The Golden Apples* verfaßt habe –, daß ich eine Figur erschuf, mit der ich mich seltsam verbunden fühlte. Sie ist Miss Eckhart, eine Frau, die von weither gekommen ist, um den jungen Menschen in Morgana Klavierstunden zu erteilen. In den Augen aller ist sie furchterregend und exzentrisch; sie wird in der Stadt kaum akzeptiert. Doch sie läßt bei mir nicht locker, ebenso wie sie, ohne es anders zu können, bei den anderen Figuren in den Geschichten nicht locker läßt.

Woher kam die Figur der Miss Eckhart? Es gab da meine Klavierlehrerin im realen Leben, die in soweit »in Frage kam«, als sie mir mit einer Fliegenklatsche auf die Hände schlug, wenn ich einen Fehler machte; und wenn sie »Practice« auf meine Notenblätter schrieb, machte sie das »P« wie Miss Eckhart – ein Katzengesicht mit einem langen Schwanz. Sie gab tatsächlich jeden Juni ein Konzert ihrer Schüler, das ein Vorbild für Miss Eckhart und, wie ich annehme, für viele andere war. Doch Miss Eckharts Charakter war weit entfernt vom Charakter der Lehrerin, die ich als Kind kannte, oder irgendeiner Person, die ich wirklich kannte. Noch glich sie anderen Lehrerin-Figuren, für die ich verantwortlich war: Meine Erzählungen und Romane scheinen mir plötzlich voll mit Lehrerinnen zu sein, wobei Miss Eckhart anders als alle ist.

Was die Erzählung »June Recital« dem Leser am intensivsten zeigt, liegt im Innern der Figur. Ich habe nicht die geringste Ahnung, wie es im Innern meiner wirklichen Lehrerin ausschaute. Doch von Miss Eckhart wußte ich es, denn es zeigt sich sehr wohl in der Geschichte.

Während ich länger und länger nach den Ursprüngen dieser leidenschaftlichen und seltsamen Figur suchte, erkannte ich schließlich, daß Miss Eckhart aus mir kam. Es gab keine Ähnlichkeit in der äußeren Identität: Ich bin nicht musikalisch, bin keine Lehrerin, nicht von Geburt Ausländerin; nicht humorlos oder die Zielscheibe von Spott; und die Liebe ist nicht an mir vorübergegangen; noch habe ich der Welt um mich herum meine Anerkennung versagt. Doch nichts davon zählt. Was zählt, ist einzig das, was im einsamen Kern steckt. Sie entstand aus dem heraus, was ich bereits selbst wußte, ja fühlte, daß ich es immer gewußt hatte. Was ich ihr verliehen habe, ist meine Leidenschaft für mein eigenes Lebenswerk, meine eigene Kunst. Sich auf Risiko hin ganz zu offenbaren, das ist eine Wahrheit, die Miss Eckhart und ich gemein haben. Was mich animiert und gefangenhält, das treibt Miss Eckhart an – die Liebe zu ihrer Kunst und die Liebe, diese zu geben; der Wunsch, sie zu geben, bis nichts mehr übrig ist. Sogar auf kleine und wörtliche Weise war das, was ich getan hatte, indem ich all die Erzählungen in *The Golden Apples* zusammentrug und verband und als Einheit gestaltete, dem Juni-Konzert nicht ganz unähnlich.

Ich würde sagen, daß ich meine Stimme in meiner Erzählprosa nicht in Miss Eckhart, wie sie massiv und fast opak in der Umgebung ihrer Erzählung steht, gefunden habe, sondern darin, daß ich ihren Charakter aus meinem innersten und tiefempfindenden Selbst schuf.

Natürlich ist jeder Schriftsteller ein Teil aller seiner Figuren. Wie anders würden sie ihm vertraut sein, ihm in den Sinn kommen, zu dem werden, was sie sind? Ich war auch zum Teil Cassie in derselben Erzählung, das zögernde Mädchen, und sogar ein Teil von den meisten Hauptfiguren in den miteinander verknüpften Erzählungen, in deren Gedanken ich mich versenkte. Außer der Heldin, Virgie. Sie hat nichts mit mir zu tun. Sie ist ganz nachdrücklich wie Miss Eckhart, ihr im störrischen und leidenschaftlichen Empfinden ebenbürtig, obschon darin ausdrucksvoller – doch ganz anders als ich. Und während Miss Eckharts Kräfte schrumpfen und schwinden, wächst die junge Virgie üppiger auf und erkämpft sich ein Leben, das völlig unabhängig ist.

Wenn die Arbeit in ihrem Verlauf einem so vorkommt, als hätte sie ein eigenes Leben angenommen, und man Abstand nehmen und sie sich selbst überlassen kann, dann schaut man auf sein Thema – so empfinde ich es jedenfalls. So habe ich mit der Zeit die Figur der Virgie in *The Golden Apples* betrachtet. Sie kommt zu ihrem Recht in der letzten Erzählung, »The Wanderers«. Leidenschaftlich, aufsässig, störrisch unbezwungen von Scheitern oder Schmerz oder Schande oder Verlust, und obschon sie die ganze Zeit über leichtfertig ihre Talente verschwendet, weiß sie bis zuletzt, daß es eine Welt gibt, die »da draußen« ist, eine Welt lebendig und rätselhaft, und daß sie ein Teil davon ist.

Insofern als man von Miss Eckhart sagen könnte, daß sie aus mir, der Autorin kommt, hätte Virgie, wann immer sie auftauchte, mein eigentliches Thema sein können.

Indem ich zu einem späteren Zeitpunkt meines Lebens Dinge erfahre, von denen ich nichts gewußt hatte oder die mir entfallen waren oder die zu bemerken ich möglicherweise gefürchtet hatte, erblicke ich das gesamte Leben unserer Familie, als wäre es befreit von der Chronologie der Zeit, die uns so unerbittlich trennt, in Jung und Alt aufteilt und uns dieselben Erfahrungen völlig unabhängig und neu durchleben läßt.

Unsere innere Reise führt uns durch die Zeit – vorwärts und rückwärts, selten in einer geraden Linie, meistens in Spiralen. Jeder von uns ist in bezug auf andere in Bewegung, ist Veränderungen unterworfen. Während wir entdecken, erinnern wir uns; indem wir uns erinnern, entdecken wir; und am intensivsten empfinden wir das, wenn unsere getrennten Reisen zusammenlaufen. Unsere lebendige Erfahrung an diesen Treffpunkten ist eines der aufgeladenen dramatischen Felder von Erzählprosa.

Ich bin nun bereit, das wunderbare Wort »Zusammenfließen« zu gebrauchen, das an sich als eine Wirklichkeit und ein Symbol in einem existiert. Es ist das einzige Symbol, das für mich als Schriftstellerin irgendein Gewicht besitzt, indem es das Muster, eines der Hauptmuster menschlicher Erfahrungen bezeugt.

Mit dem folgenden leite ich die letzten Szenen in meinem Roman *Die Tochter des Optimisten* ein:

Sie hatte, auf dem Stuhl sitzend, geschlafen wie unterwegs im Zug auf einer dringlichen Reise. Aber sie hatte tief geschlafen und fühlte sich ausgeruht.

Im Traum hatte sie tatsächlich in einem Zug gesessen, zusammen mit Phil. Sie waren über eine lange Brücke gefahren.

Jetzt, im Wachen, erkannte sie es wieder: sie hatte etwas geträumt, was wirklich gewesen war. Als sie und Phil von Chicago nach Mount Salus reisten, um sich in der presbyterianischen Kirche trauen zu lassen, waren sie mit der Bahn gefahren. Wenn Laurel zwischen Mount Salus und Chicago hin und her fuhr, hatte sie immer den Schlafwagenzug genommen, den gleichen eleganten Zug, mit dem sie vor kurzem aus New Orleans gekommen war. Sie und Phil waren mit dem Tageszug gefahren, und sie hatte die Strecke zum erstenmal gesehen.

Als der Zug hinter Cairo die lange Auffahrt zu einer Brücke erklomm und langsam immer höher stieg, bis sie über den Wipfeln kahler Bäume dahinfuhren, blickte sie in die Tiefe. Sie sah, wie das fahle Licht sich ausdehnte, sah, wie das Flußtal sich weitete, und dann wurde das Wasser sichtbar, das

die noch niedrig am Himmel stehende Morgensonne wider-
spiegelte. Es waren zwei Flüsse, und hier vereinigten sie sich.
Hier flossen die Wasser des Ohios und des Mississippis zusammen.

Sie blickten aus großer Höhe hinab, und alles, was sie sahen, drängte zur Vereinigung: die kahlen Bäume, die in langer
Linie vom Horizont her näher rückten, die beiden ineinan-
derströmenden Flüsse, und als er sie am Arm berührte, folgte
sie seinem Blick und sah das langgezogene, gezackte, wie mit
dem Bleistift hingestrichelte V im kristallenen Zenit – Vögel,
die gleichfalls südwärts strebten. Weit und breit sahen Phil
und sie nichts als Himmel, Wasser, Vögel, Licht und das Zusammenfließen. Es war die unversehrte morgendliche Welt.

Und Phil und sie waren ein Teil des Zusammenfließens. Ge-
genseitiges Vertrauen hatte sie gerade in diesem Augenblick
hierhergeführt. Es stand in Einklang mit allem, was in jenem
Augenblick geschah, und es führte sie weiter, so wie auch der
Augenblick fortschritt. Die Richtung selbst war etwas Schönes, Wichtiges geworden. Eins mit ihr fuhren sie dahin, vorwärts, immer weiter. Jetzt sind wir an der Reihe! hatte sie tri-
umphierend gedacht. Und wir werden ewig leben.

In einem langen entschwundenen Jahr von einem Tod aus
Wasser und Feuer um sein Leben und um sein Grab gebracht,
konnte Phil ihr noch immer etwas über ihr Leben sagen. Denn
ihr Leben, das Leben eines jeden Menschen, das glaubte sie
fest, war nichts als die Fortdauer der Liebe, die es trug.

Sie glaubte daran, so wie sie davon überzeugt war, daß die
Wasser bei Cairo noch immer zusammenflossen. Sie würden,
wenn sie heute auf ihrer Rückreise darüber hinwegflog, zu-
sammenfließen wie eh und je – diesmal ihrem Blick entzogen,
Tausende von Metern unter ihr, doch würde nichts als dünne
Luft zwischen ihr und ihnen sein.

Natürlich besteht das größte Zusammenfließen von allem in dem, was die menschliche Erinnerung – die individuelle menschliche Erinnerung – ausmacht. Meine eigene ist der Schatz, der mir am teuersten ist – in meinem Leben und in meiner Arbeit als Schriftstellerin. Hier ist die Zeit ebenfalls dem Zusammenfließen unterworfen. Die Erinnerung ist eine lebendige Angelegenheit – sie ändert sich. Doch während des Augenblicks verbindet sich alles und lebt alles, an das man sich erinnert – Alt und Jung, Vergangenes und Gegenwärtiges, Lebende und Tote.

Wie Sie gesehen haben, bin ich eine Schriftstellerin, die einem behüteten Leben entstammt. Ein behütetes Leben kann dennoch ein waghalsiges Leben sein. Denn aller ernsthafte Wagemut kommt von innen heraus.

In einer Landschaft voll flirrenden Lichtes

Eudora Welty:
Die goldnen Äpfel
Roman

Aus dem Amerikanischen von
Tamara Willmann
293 Seiten, Leinen
ISBN 3-608-95366-3

In Morgana, einem Ort im Mississippi-Delta, passieren alltägliche Dinge: Die schüchterne Romanze einer Klavierlehrerin mit einem Schuhverkäufer; der Badeunfall während eines Ferienlagers; die exzentrischen Eskapaden von King MacLain, der eines Tages verschwindet und nur seinen Hut zurückläßt.

Aus einem Reservoir von verschütteten Erinnerungen entwirft Eudora Welty die dramatische Idylle der Kleinstadt Morgana, welche Liebe und Verachtung in gleicher Weise gedankenlos austeilt.

Klett-Cotta